U0837554

漫说“四风”问题

本书编写组 编著

人民东方出版传媒
東方出版社

图书在版编目（CIP）数据

漫说“四风”问题 /《漫说“四风”问题》编写组编著 . —北京：东方出版社，2021.5
ISBN 978-7-5207-2129-5

Ⅰ . ①漫… Ⅱ . ①漫… Ⅲ . ①中国共产党—党风建设—学习参考资料
Ⅳ . ① D261.3

中国版本图书馆 CIP 数据核字（2021）第 062086 号

漫说“四风”问题
（MANSHUO“SIFENG”WENTI）

编 著 者：本书编写组
责任编辑：陈丽娜　张凌云
出　　版：东方出版社
发　　行：人民东方出版传媒有限公司
地　　址：北京市西城区北三环中路 6 号
邮　　编：100120
印　　刷：天津图文方嘉印刷有限公司
版　　次：2021 年 5 月第 1 版
印　　次：2022 年 12 月第 3 次印刷
印　　数：16 001—17 500 册
开　　本：710 毫米 ×1000 毫米　1/16
印　　张：15.25
字　　数：140 千字
书　　号：ISBN 978-7-5207-2129-5
定　　价：49.80 元
发行电话：（010）85924663　85924644　85924641

版权所有，违者必究
如有印装质量问题，我社负责调换，请拨打电话：（010）85924602　85924603

前言

2020年1月，中央纪委国家监委公布了调整后的全国查处违反中央八项规定精神问题统计数据。与之前相比，新的指标体系有两个显著变化：一是首次增加查处形式主义、官僚主义问题指标，二是对查处享乐主义、奢靡之风问题的统计指标进行了优化调整。

落实中央八项规定精神、纠治“四风”，初心、决心和定力必须一以贯之，一刻都不能松，半步都不能退。但该变的，要与时俱进，灵活适应变化，主动采取对策。调整数据统计指标，是贯彻落实习近平总书记关于加强作风建设重要指示批示精神，贯彻落实党的十九届四中全会精神和十九届中央纪委四次全会部署要求，持之以恒落实中央八项规定精神的具体举措，充分说明作风建设是永恒的课题，只有进行时，没有完成时。

作风建设关系我们党能不能长期执政、履行好执政使命。党的十八大以来，全面从严治党从中央政治局立规矩开始，由作风建设切入，全党上下大力纠正“四风”，一级做给一级看、一级带着一级干，刹住了一些过去被认为不可能刹住的歪风邪气，攻克了一些过去司空见惯的顽瘴痼疾，起到矫世变俗之功，使作风建设成为党的建设一张亮丽名片。当前，从总体形势看，落实中央八项规定精神成效显著，享乐主义和奢靡之风有很大收敛，党风、政风、社风不断好转。但同时必须清醒看到，“四风”问题由来已久、成因复杂，具有很强的顽固性、变异性和传染性，现在的成绩只是阶段性的。有些成果是在高压态势下取得的，一些党员干部还仅仅停留在“不敢”的震慑上，“不能”的笼子还需不断健全，“不想”的自觉尚未完全形成，往往是明的不敢了，暗的出现了，这样的问题消失了，那样的问题又出来了。

构建一体推进不敢腐、不能腐、不想腐的有效机制，是作风建设向标本兼治转变的重要原则和方法论。党中央明确提出，要“巩固拓展作风建设成果，坚定不移纠‘四风’、树新风”。纠“四风”、树新风，“纠”和“树”，鲜明指出了作风建设成果巩固拓展的实践方向。要在保持高压态势决不放松的基础上，投入更多精力抓制度建设、抓教育引导，坚持纠“四风”与树新风并举，一体推进不敢、不能、不想。

为进一步强化思想道德和党纪国法教育，推动弘扬新风正气，我们组织编写了《漫说“四风”问题》一书。本书以违反中央八项规定精神问题统计数据新的指标体系为纲，以“漫画＋案例＋点评＋链接”为体例进行编排，旨在透过一幅幅生动形象的讽刺漫画，一个个鲜活具体的典型案例，一组组简洁明快、切中要害的点评分析，以及相关的党纪法规和文件链接，帮助广大党员、干部进一步认清“四风”的弊害，引导党员、干部对照初心和使命找差距、查病灶，自觉遵守党纪条规，习惯在受监督和约束的环境中工作、生活。

由于时间和水平所限，书中难免有错漏不当之处，敬请广大读者批评指正。

编　者

2020 年 5 月

目 录 CONTENTS

一

贯彻落实党中央
重大决策部署不力

1.“无视”通知

示警案例

国家十部委联合下发《关于进一步加强涉及自然保护区建设活动监督管理的通知》，要求某省对自然保护区内的挖砂采石等违法开

“无视”通知

建活动进行整治。时任省水利厅党组成员、副厅长朱某代表省水利厅牵头省直相关单位转发该文件，朱某没有签批水利部门贯彻落实的具体意见，也未将文件精神告知其他厅领导，导致负责采砂管理工作的水利工程管理局等单位未收到上述文件、未开展专项整治工作。朱某等人贯彻落实关于自然保护区重大决策部署打折扣，受到政务警告处分；其他相关责任人受到相应处理。

精析点评

党的十九大以来，我们党把坚决整治形式主义、官僚主义提高到党的政治建设的高度，其原因就在于形式主义、官僚主义的危害首先是政治上的，它既严重阻碍党的路线方针政策和党中央重大决策部署贯彻落实，又严重损害人民群众的切身利益。

该案例中朱某没有签批水利部门贯彻落实的具体意见，也未将文件精神告知其他厅领导，表面上是工作不作为、不到位，其根子里是政治站位不高、政治规矩意识淡薄，不善于从政治上看问题。

现实中，像“朱某”这样的官员之所以看问题“一叶障目不见泰山”，与其政治素养与政治能力不足有很大的关系。党的十九大报告强调，“增强政治领导本领，坚持战略思维、创新思维、辩证思维、法治思维、底线思维，科学制定和坚决执行党的路线方针政策，把党总揽全局、协调各方落到实处。”这就要求我们的领导干部善于观大势、谋大事，自觉在大局下想问题、做工作，既要学会“升维思考”，从政治上来理解和把握工作，学会在大局下学习、在大局下思考、在大局下行动，又要学会“降维打击”，勇于挑重担、敢于啃“硬骨头”，确保中央大政方针和上级决策部署落地生根、开花结果。

法条链接

《关于新形势下党内政治生活的若干准则》
（2016年10月27日中国共产党第十八届中央委员会第六次全体会议通过）

五、保持党同人民群众的血肉联系

……

全党必须坚决反对形式主义、官僚主义、享乐主义和奢靡之风，领导干部特别是高级干部要以身作则。反对形式主义，重在解决作风飘浮、工作不实，文山会海、表面文章，贪图虚名、弄虚作假等问题。反对官僚主义，重在解决脱离实际、脱离群众，消极应付、推诿扯皮，作风霸道、迷恋特权等问题。反对享乐主义，重在解决追名逐利、贪图享受，讲究排场、玩物丧志等问题。反对奢靡之风，重在解决铺张浪费、挥霍无度，骄奢淫逸、腐化堕落等问题。坚持抓常、抓细、抓长，特别是要防范和查处各种隐性、变异的“四风”问题，把落实中央八项规定精神常态化、长效化。

……

《中国共产党纪律处分条例》

（2018 年 8 月 18 日）

第一百二十二条 有下列行为之一，造成严重不良影响，对直接责任者和领导责任者，情节较轻的，给予警告或者严重警告处分；情节较重的，给予撤销党内职务或者留党察看处分；情节严重的，给予开除党籍处分：

（一）贯彻党中央决策部署只表态不落实的；

（二）热衷于搞舆论造势、浮在表面的；

（三）单纯以会议贯彻会议、以文件落实文件，在实际工作中不见诸行动的；

（四）工作中有其他形式主义、官僚主义行为的。

《中国共产党问责条例》

（中共中央 2019 年 9 月 4 日修订发布）

第七条 党组织、党的领导干部违反党章和其他党内法规，不履行或者不正确履行职责，有下列情形之一，应当予以问责：

……

（五）党的作风建设松懈，落实中央八项规定及其实施细则精神不力，“四风”问题得不到有效整治，形式主义、官僚主义问题突出，执行党中央决策部署表态多调门高、行动少落实差，脱离实际、脱离群众，拖沓敷衍、推诿扯皮，造成严重后果的；

……

《党委（党组）落实全面从严治党主体责任规定》

（2020年2月26日中共中央政治局常委会会议审议批准 2020年3月9日中共中央办公厅发布）

第六条 地方党委应当将党的建设与经济社会发展同谋划、同部署、同推进、同考核，加强对本地区全面从严治党各项工作的领导。主要包括：

……

（六）持之以恒抓好党的作风建设，落实中央八项规定精神，持续整治“四风”特别是形式主义、官僚主义，反对特权思想和特权现象，密切党同人民群众的血肉联系；

……

第七条 党组（党委）应当坚持党建工作与业务工作同谋划、同部署、同推进、同考核，加强对本单位（本系统）全面从严治党各项工作的领导。主要包括：

……

（六）加强和改进作风，落实中央八项规定精神，持续整治“四风”特别是形式主义、官僚主义，反对特权思想和特权现象；

……

2. 扶贫怎能“一刀切”

示警案例

某自治区扶贫办原党组书记、主任赵某等人贯彻落实党中央关于脱贫攻坚重大决策部署不力、作风漂浮，在扶贫攻坚工作中搞形式主义、官僚主义。扶贫办在贫困户建档立卡工作中，没有考虑贫困人口分布客观实际情况，“一刀切”地将国务院扶贫办确认的贫困人口规模仅局限在国家级贫困旗县、自治区级贫困旗县，导致精准扶贫基础性工作不扎实、贫困户漏评率高。自治区扶贫办组织开展工作检查考核时，未充分考虑不同区域存在差距和路途较远等因素，致使检查考核方案脱离实际；同时在检查考核中未督促落实配备地方话翻译、抽调熟悉业务的检查人员配合工作，致使检查考核流于形式，检查考核结果不客观不符合实际情况。同时，自治区扶贫办还存在违规向扶贫基金会借款 74 万余元为职工发放福利、违规挪用公用经费为班子成员支付房租和公车补助、挪用 234 万余元扶贫专项资金等问题，赵某对此负有领导责任。赵某受到撤销党内职务、政务撤职处分，被撤销自治区党委委员职务，由正厅级领导职务降为副厅级非领导职务。其他相关责任人受到相应处理。

扶贫怎能“一刀切”

精析点评

从表面看，“一刀切”整齐划一、简单麻利、易于操作，但实际上，“一刀切”不顾具体实际，试图以简单化方式推进政策执行，结果导致效果偏离政策目标。其背后折射出的是只图省事的懒政思维和庸懒不作为的官僚主义，不愿做艰苦细致的工作。它的危害性在于使工作简单化、绝对化，甚至使政策执行的效果走向了相反的方向。

比如，精准扶贫贵在精准，需要因地制宜、因人施策。

搞“大水漫灌”、走马观花、大而化之，精准“滴灌”必然会沦为一场“作秀”。案例中，“不考虑贫困人口分布客观实际情况；未充分考虑不同区域存在差距和路途较远等因素，致使检查考核方案脱离实际；同时在检查考核中未督促落实配备地方话翻译、抽调熟悉业务的检查人员配合工作”，扶贫举措漏洞百出、效果极差，显然与党中央“精准扶贫”的精神和要求相违背。

那么，如何避免“一刀切”呢？关键要善于把原则的坚定性与策略方法的灵活性统一起来。一方面，准确领悟中央精神，坚决落实党的路线方针政策。另一方面，坚持实事求是的原则，具体问题具体分析，把政策与地方实际紧密结合起来，把执行政策的落脚点放在更好地为人民服务上，通过深入细致地调查研究，有创造性地开展工作。

法条链接

《中国共产党纪律处分条例》
（2018年8月18日）

第一百一十六条 有下列行为之一，对直接责任者和领导责任者，情节较重的，给予警告或者严重警告处分；情节严重的，给予撤销党内职务或者留党察看处分：

（一）对涉及群众生产、生活等切身利益的问题依照政策或者有关规定能解决而不及时解决，庸懒无为、效率低下，造成不良影响的；

（二）对符合政策的群众诉求消极应付、推诿扯皮，损害党群、干群关系的；

（三）对待群众态度恶劣、简单粗暴，造成不良影响的；

（四）弄虚作假，欺上瞒下，损害群众利益的；

（五）有其他不作为、乱作为等损害群众利益行为的。

《推进领导干部能上能下若干规定（试行）》

（2015年7月19日）

第二条 本规定所称推进领导干部能上能下，重点是解决干部能下问题。必须坚持党要管党、从严治党，坚持实事求是、公道正派，坚持人岗相适、人尽其才，坚持依法依规、积极稳妥，着力解决为官不正、为官不为、为官乱为等问题，促使领导干部自觉践行“三严三实”要求，推动形成能者上、庸者下、劣者汰的用人导向和从政环境。

第八条 对不适宜担任现职的干部应当进行调整。不适宜担任现职，主要指干部的德、能、勤、绩、廉与所任职务要求不符，不宜在现岗位继续任职。

干部具有下列情形之一，经组织提醒、教育或者函询、诫勉没有改正，被认定为不适宜担任现职的，必须及时予以调整：

（一）不严格遵守党的政治纪律和政治规矩，不坚决执行党的基本路线和各项方针政策，不能在思想上政治上行动上同党中央保持高度一致的；

（二）理想信念动摇，在重大原则问题上立场不坚定，关键时刻经不住考验的；

（三）违背党的民主集中制原则，独断专行或者软弱涣散，拒不执行或者擅自改变党组织作出的决定，在领导班子中闹无原则纠纷的；

（四）组织观念淡薄，不执行重要情况请示报告制度，或者个人有关事项不如实填报甚至隐瞒不报的；

（五）违背中央八项规定精神，不严格遵守廉洁从政有关规定的；

（六）不敢担当、不负责任，为官不为、庸懒散拖，干部群众意见较大的；

（七）不能有效履行职责、按要求完成工作任务，单位工作或者分管工作处于落后状态，或者出现较大失误的；

（八）品行不端，违背社会公德、职业道德、家庭伦理道德，造成不良影响的；

（九）配偶已移居国（境）外，或者没有配偶但子女均已移居国（境）外，不适宜担任其所任职务的；

（十）其他不适宜担任现职的情形。

《脱贫攻坚责任制实施办法》
（新华社北京 2016 年 10 月 17 日电）

第十六条　县级党委和政府应当制定乡、村落实精准扶贫精准脱贫的指导意见并监督实施，因地制宜，分类指导，保证贫困退出的真实性、有效性。

《关于进一步激励广大干部新时代新担当新作为的意见》（新华社北京 2018 年 5 月 20 日电）

三、充分发挥干部考核评价的激励鞭策作用。适应新时代新任务新要求，完善干部考核评价机制，切实解决干与不干、干多干少、干好干坏一个样的问题。突出对党中央决策部署贯彻执行情况的考核，制定出台党政领导干部考核工作条例，改进年度考核，推进平时考核，构建完整的干部考核工作制度体系。体现差异化要求，合理设置干部考核指标，改进考核方式方法，增强考核的科学性、针对性、可操作性，调动和保护好各区域、各战线、各层级干部的积极性。完善政绩考核，引导干部牢固树立正确政绩观，防止不切实际定目标，切实解决表态多调门高、行动少落实差等突出问题，力戒形式主义、官僚主义。强化考核结果分析运用，将其作为干部选拔任用、评先奖优、问责追责的重要依据，使政治坚定、奋发有为的干部得到褒奖和鼓励，使慢作为、不作为、乱作为的干部受到警醒和惩戒。加强考核结果反馈，引导干部发扬成绩、改进不足，更好忠于职守、担当奉献。

3. 以文件贯彻文件

示警案例

某市委、市政府多次召开会议部署保护生态环境、防治污染问题整改工作，并明确由市海洋与渔业局牵头整改违规养殖影响海洋

以文件贯彻文件

生态环境问题。市海洋与渔业局原局长李某既没有及时组织传达会议精神、部署有关工作，也没有及时有效督促落实。该局推进这项工作不力被通报批评后，李某仍没有按要求拿出工作方案和具体措施，也未督促相关业务科室抓落实。一个月后，上级有关部门进驻该市检查，次日该局才照搬照抄上级文件下发工作方案，且该方案没有细化目标、任务、时限和具体措施。李某在生态环境保护工作中行动少落实差、仅以文件贯彻文件，最终受到政务警告处分。

精析点评

文件是社会管理的重要工具和组织运转的关键纽带，目的是确保政令上传下达。对于各级党委和政府来说，做好接收、学习、制发、转发文件，是日常工作的重要内容。以文件贯彻文件，看上去执行坚决、不折不扣、原汁原味，好像是在抓落实，实际上已经异化为一些不想作为、不敢担当的干部的免责挡箭牌。只要有一纸文件在，无论是应对上级检查，还是对下部署工作，就能说得出口、拿得出手。但至于一件工作是否已经做了、做得是否好，则不是这些干部所关心的了。

比如，在上述案例中，市委、市政府部署任务后，市海洋与渔业局局长只有表态，没有落实措施；工作被通报后，该局仍然没有拿出有效的工作方案和工作措施；待上级检查时，该局无奈以文件贯彻文件，真是“懒驴子拉磨——不打不转，不打不走”。形式反映内容，行动上的迟缓麻木、照搬照抄，源头在于思想上的懒政惯性和路径依赖。

为政之道，要“循名责实”。有一副对联，上联是“你开会我开会大家都开会”，下联是“你发文我发文大家都发文”，横批是“谁来落实”。这副对联形象而又深刻地讽刺了文件空转的现象。贯彻执行文件，不是说文件都不能转发，有的时候贯彻落实上级精神，还必须原汁原味转达，不能断章取义。关键在于一定要坚持实事求是，在吃透上级精神、领悟上级意图的基础上，结合实际进行有效落实，把上级精神、政策要求与基层实际融会贯通。

法条链接

《中国共产党纪律处分条例》
（2018年8月18日）

第一百一十六条 有下列行为之一，对直接责任者和领导责任者，情节较重的，给予警告或者严重警告处分；情节严重的，给予撤销党内职务或者留党察看处分：

（一）对涉及群众生产、生活等切身利益的问题依照政策或者有关规定能解决而不及时解决，庸懒无为、效率低下，造成不良影响的；

（二）对符合政策的群众诉求消极应付、推诿扯皮，损害党群、干群关系的；

（三）对待群众态度恶劣、简单粗暴，造成不良影响的；

（四）弄虚作假，欺上瞒下，损害群众利益的；

（五）有其他不作为、乱作为等损害群众利益行为的。

第一百二十二条 有下列行为之一，造成严重不良影响，对直接责任者和领导责任者，情节较轻的，给予警告或者严重警告处分；情节较重的，给予撤销党内职务或者留党察看处分；情节严重的，给予开除党籍处分：

（一）贯彻党中央决策部署只表态不落实的；

（二）热衷于搞舆论造势、浮在表面的；

（三）单纯以会议贯彻会议、以文件落实文件，在实际工作中不见诸行动的；

（四）工作中有其他形式主义、官僚主义行为的。

《党政领导干部生态环境损害责任追究办法（试行）》
（2015 年 8 月 9 日）

第五条 有下列情形之一的，应当追究相关地方党委和政府主要领导成员的责任：

（一）贯彻落实中央关于生态文明建设的决策部署不力，致使本地区生态环境和资源问题突出或者任期内生态环境状况明显恶化的；

（二）作出的决策与生态环境和资源方面政策、法律法规相违背的；

（三）违反主体功能区定位或者突破资源环境生态红线、城镇开发边界，不顾资源环境承载能力盲目决策造成严重后果的；

（四）作出的决策严重违反城乡、土地利用、生态环境保护等规划的；

（五）地区和部门之间在生态环境和资源保护协作方面推诿扯皮，主要领导成员不担当、不作为，造成严重后果的；

（六）本地区发生主要领导成员职责范围内的严重环境污染和生态破坏事件，或者对严重环境污染和生态破坏（灾害）事件处置不力的；

（七）对公益诉讼裁决和资源环境保护督察整改要求执行不力的；

（八）其他应当追究责任的情形。

有上述情形的，在追究相关地方党委和政府主要领导成员责任的同时，对其他有关领导成员及相关部门领导成员依据职责分工和履职情况追究相应责任。

《党委（党组）落实全面从严治党主体责任规定》

（2020 年 2 月 26 日中共中央政治局常委会会议审议批准 2020 年 3 月 9 日中共中央办公厅发布）

第六条 地方党委应当将党的建设与经济社会发展同谋划、同部署、同推进、同考核，加强对本地区全面从严治党各项工作的领导。主要包括：

……

（六）持之以恒抓好党的作风建设，落实中央八项规定精神，持续整治“四风”特别是形式主义、官僚主义，反对特权思想和特权现象，密切党同人民群众的血肉联系；

……

第七条　党组（党委）应当坚持党建工作与业务工作同谋划、同部署、同推进、同考核，加强对本单位（本系统）全面从严治党各项工作的领导。主要包括：

……

（六）加强和改进作风，落实中央八项规定精神，持续整治“四风”特别是形式主义、官僚主义，反对特权思想和特权现象；

……

4. 缺乏实际行动的指导组长

示警案例

在新冠肺炎疫情防控期间，某区委常委、政法委书记钱某落实上级部署不到位。作为区委常委、政法委书记，区疫情防控工作第

缺乏实际行动的指导组长

二指导组组长及联系某社区疫情防控工作的挂点领导，钱某工作作风不严不实，不认真落实防控工作要求，未能认真履行新冠肺炎疫情防控工作的职责，压实责任不到位，在疫情防控关键期从未到社区实地督导，致使该社区疫情防控工作失控失管，社区内多次发生聚众赌博，大量人员聚集，给疫情防控带来较大风险隐患，造成不良社会影响，钱某负有主要领导责任。2020 年 2 月，钱某受到党内严重警告处分。

精析点评

新冠肺炎疫情防控，既是对国家治理体系和治理能力的一次大考，也是对党员干部的一次大考。习近平总书记在浙江考察时指出，“这次疫情防控斗争是对各地区各单位管党治党水平、领导班子和党员干部队伍建设水平实打实的考验”。疫情防控就像一面镜子，映照出一名领导干部的宗旨意识；也像一把尺子，衡量出一名领导干部的精神状态。

总体来说，我们的干部队伍经受住了考验，广大党员、干部坚决贯彻落实党中央决策部署，自觉践行初心使命，勇于担当、攻坚克难、无私奉献，充分展现出新时代共产党人的政治本色，筑起了守卫人民群众生命安全和身体健康的坚固防线，有的甚至牺牲了宝贵的生命。但疫情危机也暴露出不敢担当、不愿负责，敷衍应付、作风飘浮，多头重复向基层派任务要表格，执行政策层层加码、“一刀切”等问题，为广大干部、群众所诟病。有的不敢担当、不愿负责，畏首畏尾，什么都等上面部署，不推就不动；有的疲疲沓沓、拖拖拉拉，情况弄不清、工作没思路；有的敷衍应付、作风飘浮，工作抓而不细、抓而不实，仍然在搞形式主义、官僚主义；有的百般推脱、左躲右闪，甚至临阵脱逃。种种表现，真是令人扎心、愤慨。

人民高于一切，生命重于泰山。战“疫”中的形式主义、官僚主义无论以何种形式出现，说到底还是因为没有真正把党中央“始终把人民群众生命安全和身体健康放在第一位”的要求作为工作的自觉遵循。像案例中的钱某，肩负重要职责，但在疫情防控关键期从未到社区实地督导。身体沉不下去，实际上是心沉不下去。人们常说，“脚下沾有多少泥土，心中就沉淀多少真情”，实际上也可以反过来说，“心中沉淀多少真情，脚下就沾有多少泥土”。那些愿意沉到基层的干部，往往也有一颗实干为民的赤子之心。

我们当以疫情防控为契机，在统筹做好疫情防控和经济社会发展的工作中，大力整治形式主义、官僚主义，更深层次地解决好党员干部权力观、地位观、利益观等问题，自觉担负起应负的责任，把党中央防疫决策部署在基层不折不扣地落细落实。同时，树立起鲜明的用人导向，在疫情防控中表现突出的干部，要给予表扬表彰、大胆使用；对那些不作为、乱作为、不投入、不深入、不会干、不能干的干部，要及时调整、问责。

法条链接

《中国共产党纪律处分条例》

（2018年8月18日）

……

第五十条 落实党中央决策部署不坚决，打折扣、搞变通，在政治上造成不良影响或者严重后果的，给予警告或者严重警告处分；情节严重的，给予撤销党内职务、留党察看或者开除党籍处分。

第一百一十六条 有下列行为之一，对直接责任者和领导责任者，情节较重的，给予警告或者严重警告处分；情节严重的，给予撤销党内职务或者留党察看处分：

（一）对涉及群众生产、生活等切身利益的问题依照政策或者有关规定能解决而不及时解决，庸懒无为、效率低下，造成不良影响的；

（二）对符合政策的群众诉求消极应付、推诿扯皮，损害党群、干群关系的；

（三）对待群众态度恶劣、简单粗暴，造成不良影响的；

（四）弄虚作假，欺上瞒下，损害群众利益的；

（五）有其他不作为、乱作为等损害群众利益行为的。

第一百二十二条 有下列行为之一，造成严重不良影响，对直接责任者和领导责任者，情节较轻的，给予警告或者严重警告处分；情节较重的，给予撤销党内职务或者留党察看处分；情节严重的，给予开除党籍处分：

（一）贯彻党中央决策部署只表态不落实的；

（二）热衷于搞舆论造势、浮在表面的；

（三）单纯以会议贯彻会议、以文件落实文件，在实际工作中不见诸行动的；

（四）工作中有其他形式主义、官僚主义行为的。

《关于进一步激励广大干部新时代新担当新作为的意见》
（新华社北京 2018 年 5 月 20 日电）

三、充分发挥干部考核评价的激励鞭策作用。适应新时代新任务新要求，完善干部考核评价机制，切实解决干与不干、干多干少、干好干坏一个样的问题。突出对党中央决策部署贯彻执行情况的考核，制定出台党政领导干部考核工作条例，改进年度考核，推进平时考核，构建完整的干部考核工作制度体系。体现差异化要求，合理设置干部考核指标，改进考核方式方法，增强考核的科学性、针对性、可操作性，调动和保护好各区域、各战线、各层级干部的积极性。完善政绩考核，引导干部牢固树立正确政绩观，防止不切实际定目标，切实解决表态多调门高、行动少落实差等突出问题，力戒形式主义、官僚主义。强化考核结果分析运用，将其作为干部选拔任用、评先奖优、问责追责的重要依据，使政治坚定、奋发有为的干部得到褒奖和鼓励，使慢作为、不作为、乱作为的干部受到警醒和惩戒。加强考核结果反馈，引导干部发扬成绩、改进不足，更好忠于职守、担当奉献。

5. 要不得的“形象工程”“政绩工程”

示警案例

某市人大常委会原党组副书记、副主任、市总工会原主席冯某在担任该市某区委书记期间，罔顾当地经济发展落后、财政资金紧

要不得的“形象工程”“政绩工程”

张的实际状况，强行决定由区属国有企业出资1.25亿元人民币，修建“冠世榴园”风景区南大门等铺张浪费、劳民伤财的“形象工程”“政绩工程”，造成严重不良社会影响。冯某同时存在其他严重违纪违法问题。2019年11月，冯某受到开除党籍、开除公职处分，涉嫌犯罪问题移送检察机关依法审查起诉。

精析点评

所谓“形象工程”“政绩工程”，就是脱离实际，做表面文章，只讲面子不管实效的项目。这些工程有一个共同点，就是华而不实、劳民伤财。

既然是劳民伤财之举，为何仍有一些领导干部乐此不疲呢？其实道理很简单，就是少数领导干部为自己“造势”，以达到个人升迁或沽名钓誉的目的。

现实生活中，“形象工程”“政绩工程”的表现形式多种多样：有的是抓大项目、修大马路、建大广场；还有一些更隐蔽，是制造“典型经验”、培育“典型模式”，以引起上级部门注意，捞取“政治资本”，而实际工作并无太多亮点。其实，无论是大张旗鼓的，还是搞更隐蔽的“软政绩工程”，本质都是形式主义，思想深处是错误的政绩观。

干事创业不能一心想即时见效、立竿见影，也不能好大喜功、不切实际，只有脚踏实地、稳扎稳打，才能创造有利于人民的实绩。

如果不坚决反对和纠正这种形式主义，任其发展下去，就会妨碍党的路线方针政策的贯彻执行，败坏党风政风和社会风气。要建立健全科学有效的领导干部政绩考评体系，不以国内生产总值增长率论英雄，把有质量、有效益、可持续的经济发展和民生改善、社会建设、文化建设、生态文明建设、党的建设等作为考核评价的重要内容，从制度上削弱领导干部大兴“政绩工程”的冲动。在选人用人上尤其要树立尊重实干、鼓励实干、崇尚实干的导向，在全社会大力弘扬真抓实干、埋头苦干的良好风尚，让那些只会说不会做、只会“制造政绩”不顾实效政绩的投机取巧之人没有市场。

法条链接

《关于新形势下党内政治生活的若干准则》
（2016年10月27日中国共产党第十八届中央委员会第六次全体会议通过）

五、保持党同人民群众的血肉联系

……

党的各级组织、全体党员特别是领导干部必须提高做群众工作的能力，既服务群众又带领群众坚定不移贯彻落实党的理论和路线方针政策，把党的主张变为群众的自觉行动，引领群众听党话、跟党走。坚决反对命令主义，坚决反对“尾巴主义”，不允许为了个人政绩、选票和形象脱离实际随意决策、随便许愿。

坚持领导干部调查研究、定期接待群众来访、同干部群众谈心、群众满意度测评等制度。各级领导干部必须深入实际、深入基层、深入群众，多到条件艰苦、情况复杂、矛盾突出的地方解决问题，千方百计为群众排忧解难。领导干部下基层要接地气，轻车简从，了解实情，督查落实，解决问题，坚决反对作秀、哗众取宠。对一切搞劳民伤财的“形象工程”和“政绩工程”的行为，要严肃问责追责，依纪依法处理。在应对重大安全事件、重大突发事件、重大自然灾害事件等事件中，领导干部必须深入一线、靠前指挥，及时协调解决突出问题，及时回应社会关切。

……

《中国共产党纪律处分条例》
（2018 年 8 月 18 日）

第一百一十七条　盲目举债、铺摊子、上项目，搞劳民伤财的“形象工程”、“政绩工程”，致使国家、集体或者群众财产和利益遭受较大损失的，对直接责任者和领导责任者，给予警告或者严重警告处分；情节严重的，给予撤销党内职务、留党察看或者开除党籍处分。

第一百二十二条　有下列行为之一，造成严重不良影响，对直接责任者和领导责任者，情节较轻的，给予警告或者严重警告处分；情节较重的，给予撤销党内职务或者留党察看处分；情节严重的，给予开除党籍处分：

（一）贯彻党中央决策部署只表态不落实的；

（二）热衷于搞舆论造势、浮在表面的；

（三）单纯以会议贯彻会议、以文件落实文件，在实际工作中不见诸行动的；

（四）工作中有其他形式主义、官僚主义行为的。

《关于在党的群众路线教育实践活动中全面清理整治奢华浪费建设的通知》（2014年8月3日）

一、充分认识清理整治奢华浪费建设的重要意义

近年来，一些地方和部门违反中央有关规定，建豪楼造地标，搞华而不实的形象工程、奢华工程。有的盲目攀比，贪大求洋，贷款、举债修建富丽堂皇的办公楼；有的超规模、超标准、超投资概算，大拆大建，修建会议中心、景观大道、奢华地标；有的打着改善民生的旗号，挪用扶贫款、救灾款等专项资金，修大广场、挖大湖、建大喷泉，等等。这些奢华浪费建设，不仅造成国家财力和社会资源的巨大浪费，加重人民群众负担，而且助长享乐主义和奢靡之风，败坏党风政风和社会风气，群众反映强烈。各地区各部门各单位要充分认识奢华浪费建设的严重性和危害性，自觉把清理整治奢华浪费建设纳入党的群众路线教育实践活动整改范围，作为落实中央八项规定精神、践行党的群众路线、维护党和政府形象的重要举措，采取坚决有力措施，全面清理整治奢华浪费建设问题，确保取得让群众满意的效果。

《关于对党员领导干部进行诫勉谈话和函询的暂行办法》

（2005 年 12 月 19 日）

第三条 党员领导干部有下列情况之一的，应当对其进行诫勉谈话：

……

（四）搞华而不实和脱离实际的“形象工程”、“政绩工程”，铺张浪费，造成不良影响；

……

二

在人民群众利益上
不维护、不作为、假作为问题

1. 不懂、不重视、不作为

示警案例

某市部分企业对某服务项目收费集体违法涨价，增加了群众负担，社会反映强烈。市发展改革委（市物价局）党组对此没有予以足够重视，未及时召开专题会议研究处置，甚至错误认为物价局的事与发展改革委无关；在下属单位提出处置意见后，仍然迟迟未作出明确决定。市发展改革委原党组书记、主任关某等人缺乏主动担当作为，只是将有关情况上报市政府，没有及时安排部署，加上对物价工作不了解，态度不明确、所提意见不及时、处置不果断，致使当地其他同类企业跟风涨价，导致群众反映强烈、负面舆论持续发酵。市领导十几次批示提出要求后，市发展改革委仍未引起足够重视，没有及时积极采取措施阻止事态继续发展，取而代之的是反复请示报告，致使该问题拖延半年多时间未得到解决，造成了极其不良的影响，严重损害了群众利益和政府公信力。关某受到党内严重警告处分并被调离工作岗位；分管价格工作的市发展改革委党组成员、副主任林某受到撤销党内职务、政务撤职处分；其他相关责任人均受到相应处理。

不懂、不重视、不作为

精析点评

民有所呼，我有所应；民有所盼，我有所为。这个“应”字，是一种立马付诸行动的态度，而绝不是“千呼万唤始出来，犹抱琵琶半遮面”。同乱作为一样，不作为的危害十分严重。有的干部在其位不谋其政，“当一天和尚撞一天钟”；有的奉行多一事不如少一事的原则，对存在的问题“睁一只眼闭一只眼”，小错酿成大错。

现实中许多“老大难”问题的背后，都有干部不担当、不作为等作风问题的影子。就拿本案来说，关某等人政治意识、责任意识缺失，职责范围内的工作该拍板不拍板，坐视问题发生；心无群众、脚不沾泥，对群众反映消极应付、慵懒推诿。不担当、不作为，根子还是官僚主义作怪，是严重的作风问题。这些作风顽疾如同附骨之疽，如不及时“动手术”，将严重损害人民群众的利益，透支人民群众对党和政府的信任。对于这些庸官、懒官，要高悬问责利器，强化刚性执行、形成威慑之效，以问责倒逼责任落实，让不干事、不作为的人没有立足之地、容身之位，推动形成干事创业的良好氛围。

1966年邢台地震，周恩来总理慰问群众时，特意请群众转过身来，背风站立，自己迎着风讲话。姿态的变化中，蕴含着对人民的敬畏、对群众的深情、对权力的自律。今天，无论大事小情，都要密切与人民群众的血肉联系、造福人民群众，这才是共产党人的立身之本、凝聚人心的深厚之基。

法条链接

《关于新形势下党内政治生活的若干准则》

（2016年10月27日中国共产党第十八届中央委员会第六次全体会议通过）

八、坚持正确选人用人导向

……

党的各级组织和领导干部必须牢记空谈误国、实干兴邦，践行正确政绩观，发扬钉钉子精神，力戒空谈，察实情、出实招、办实事、求实效，做到守土尽责。各级领导干部要无私无畏，做到面对矛盾敢于迎难而上，面对危险敢于挺身而出，面对失误敢于承担责任。党的各级组织要旗帜鲜明为敢于担当的干部担当，为敢于负责的干部负责。对不担当、不作为、敷衍塞责的干部要严肃批评，必要时给予组织处理或党纪处分；对失职渎职的要严肃问责，造成严重后果的要严肃追责，依纪依法处理。

……

《中国共产党纪律处分条例》

（2018年8月18日）

第一百一十六条 有下列行为之一，对直接责任者和领导责任者，情节较重的，给予警告或者严重警告处分；情节严重的，给予撤销党内职务或者留党察看处分：

（一）对涉及群众生产、生活等切身利益的问题依照政策或者有关规定能解决而不及时解决，庸懒无为、效率低下，造成不良影响的；

（二）对符合政策的群众诉求消极应付、推诿扯皮，损害党群、干群关系的；

（三）对待群众态度恶劣、简单粗暴，造成不良影响的；

（四）弄虚作假，欺上瞒下，损害群众利益的；

（五）有其他不作为、乱作为等损害群众利益行为的。

《信访工作责任制实施办法》

（新华社北京 2016 年 10 月 24 日电）

第十一条 各级党政机关及其领导干部、工作人员不履行或者未能正确履行本办法所列责任内容，有下列情形之一的，应当追究责任：

（一）因决策失误、工作失职，损害群众利益，导致信访问题产生，造成严重后果的；

（二）未按照规定受理、交办、转送和督办信访事项，或者不执行信访事项处理意见，严重损害信访群众合法权益的；

（三）违反群众纪律，对应当解决的群众合理合法诉求消极应付、推诿扯皮，或者对待信访群众态度恶劣、简单粗暴，损害党群干群关系，造成严重后果的；

（四）对发生的集体访或者信访负面舆情处置不力，导致事态扩大，造成不良影响的；

（五）对信访部门提出的改进工作、完善政策和给予处分等建议重视不够、落实不力，导致问题长期得不到解决的；

（六）其他应当追究责任的失职失责情形。

对前款规定中涉及的集体责任，领导班子主要负责人和直接主管的负责人承担主要领导责任，参与决策和工作的班子其他成员承担重要领导责任，对错误决策或者行为提出明确反对意见而没有被采纳的，不承担领导责任；涉及的个人责任，具体负责的工作人员承担直接责任，领导班子主要负责人和直接主管的负责人承担领导责任。

《推进领导干部能上能下若干规定（试行）》

（2015 年 7 月 19 日）

第八条 对不适宜担任现职的干部应当进行调整。不适宜担任现职，主要指干部的德、能、勤、绩、廉与所任职务要求不符，不宜在现岗位继续任职。

干部具有下列情形之一，经组织提醒、教育或者函询、诫勉没有改正，被认定为不适宜担任现职的，必须及时予以调整：

（一）不严格遵守党的政治纪律和政治规矩，不坚决执行党的基本路线和各项方针政策，不能在思想上政治上行动上同党中央保持高度一致的；

（二）理想信念动摇，在重大原则问题上立场不坚定，关键时刻经不住考验的；

（三）违背党的民主集中制原则，独断专行或者软弱涣散，拒不执行或者擅自改变党组织作出的决定，在领导班子中闹无原则纠纷的；

（四）组织观念淡薄，不执行重要情况请示报告制度，或者个人有关事项不如实填报甚至隐瞒不报的；

（五）违背中央八项规定精神，不严格遵守廉洁从政有关规定的；

（六）不敢担当、不负责任，为官不为、庸懒散拖，干部群众意见较大的；

（七）不能有效履行职责、按要求完成工作任务，单位工作或者分管工作处于落后状态，或者出现较大失误的；

（八）品行不端，违背社会公德、职业道德、家庭伦理道德，造成不良影响的；

（九）配偶已移居国（境）外，或者没有配偶但子女均已移居国（境）外，不适宜担任其所任职务的；

（十）其他不适宜担任现职的情形。

《中央纪委办公厅印发工作意见　集中整治形式主义官僚主义重点整治四个方面 12 类突出问题》（新闻稿）

（2018 年 9 月 25 日）

在联系群众、服务群众方面，重点整治群众身边特别是群众反映强烈的形式主义、官僚主义突出问题。比如，漠视群众利益和疾苦，对群众反映强烈的问题无动于衷、消极应付，对群众合理诉求推诿扯皮、冷硬横推，对群众态度简单粗暴、颐指气使；便民服务单位和政务服务窗口态度差、办事效率低，政务服务热线、政府网站、政务 APP 运行“僵尸化”；“新官不理旧事”，言而无信，重招商轻落地、轻服务，影响营商环境。

2.“指哪跑哪”

示警案例

某区住房城乡规划建设局为民办事态度差、效率低。该局规划管理二股的行政许可业务没有按“一门一站式”规定实质性进驻区

勿让群众办事“跑断腿”

公共服务中心，而是在局机关完成基本审核后才到窗口录入受理，存在形式主义的问题；其股长岳某未遵守“一次性告知”等规定，屡次以缺材料、填写不规范、没时间等理由推诿塞责，致群众办事“跑多次”问题突出，如按规定应在20个工作日内办结的业务经10个月才办结。该局副局长、派驻公共服务中心办事窗口首席代表小张和业务骨干小李，长期未按规定到公共服务中心工作，仅由不熟悉业务的借用人员在窗口受理业务，办事效率受到严重影响。2019年1月，该局被通报批评，岳某、小张、小李分别受到诫勉或通报批评处理。

精析点评

党章明确规定，“党的干部是党的事业的骨干，是人民的公仆”。公仆意识，是共产党人立党为公、执政为民的本质体现。各级领导干部在各自岗位上掌握着大大小小的权力，能否当好人民公仆，检验的标准是能否真正做到“权为民所用、情为民所系、利为民所谋”。尤其是身处基层一线的干部，直接与群众打交道，加强作风建设的意义更不一般。

对老百姓而言，“跑多次”是最让人感到无奈、委屈、反感的，因为它最折腾人、最耽误事。要说事都不大，就是办个证、开个证明，可是因为某些工作人员的敷衍刁难的作风，硬是让老百姓多跑了冤枉路、多受了窝囊气。就像案例中的岳某、小张、小李等人，要么是不履行“一次性告知”等规定，要么就是长期不到公共服务中心工作，这种生硬、漠视群众利益的办事方式，是官僚主义作风的典型表现。看似漫不经心、疏忽大意的工作态度，背后折射的是错位的公仆意识、高高在上的官僚思想。

“一枝一叶总关情”，能不能把“鸡毛蒜皮”的小事办好，关乎的是群众的获得感、幸福感和安全感。党员干部要增强公仆意识，倾听群众呼声，感受群众疾苦，体察群众情绪，真正代表人民掌好权、用好权，清正廉洁，甘当人民的勤务员。此外，要让群众少跑腿，各级政府部门还得让信息多跑路，主动运用互联网、大数据、云计算等技术手段，加快推进“互联网 + 政务服务”，提供网上一站式办理的政务服务简化或优化办事流程，让企业和群众办事更方便、更快捷。

法条链接

《关于新形势下党内政治生活的若干准则》
（2016 年 10 月 27 日中国共产党第十八届中央委员会第六次全体会议通过）

五、保持党同人民群众的血肉联系

……

全党必须牢固树立人民群众是历史创造者的历史唯物主义观点，站稳群众立场，增进群众感情。党的各级组织、全体党员特别是各级领导机关和领导干部要贯彻党的群众路线，做到一切为了群众，一切依靠群众，从群众中来，到群众中去，为群众办实事、解难事，当好人民公仆。坚持问政于民、问需于民、问计于民，决不允许在群众面前自以为是、盛气凌人，决不允许当官做老爷、漠视群众疾苦，更不允许欺压群众、损害和侵占群众利益。改进和创新联系群众方法，建立和完善民意调查等制度，利用传统媒体和互联网等各种渠道了解社情民意，倾听群众呼声，密切党群干群关系，把对上负责和对下负责一致起来，着力实现好、维护好、发展好最广大人民根本利益。

……

《中国共产党纪律处分条例》

（2018 年 8 月 18 日）

第一百一十六条 有下列行为之一，对直接责任者和领导责任者，情节较重的，给予警告或者严重警告处分；情节严重的，给予撤销党内职务或者留党察看处分：

（一）对涉及群众生产、生活等切身利益的问题依照政策或者有关规定能解决而不及时解决，庸懒无为、效率低下，造成不良影响的；

（二）对符合政策的群众诉求消极应付、推诿扯皮，损害党群、干群关系的；

（三）对待群众态度恶劣、简单粗暴，造成不良影响的；

（四）弄虚作假，欺上瞒下，损害群众利益的；

（五）有其他不作为、乱作为等损害群众利益行为的。

《关于进一步激励广大干部新时代新担当新作为的意见》

（新华社北京 2018 年 5 月 20 日电）

三、充分发挥干部考核评价的激励鞭策作用。适应新时代新任务新要求，完善干部考核评价机制，切实解决干与不干、干多干少、干好干坏一个样的问题。突出对党中央决策部署贯彻执行情况的考核，制定出台党政领导干部考核工作条例，改进年度考核，推进平时考核，构建完整的干部考核工作制度体系。体现差异化要求，合理设置干部考核指标，改进考核方式方法，增强考核的科学性、针对性、可操作性，调动和保护好各区域、各战线、各层级干部的积极性。完善政绩考核，引导干部牢固树立正确政绩观，防止不切实际定目标，切实解决表态多调门高、行动少落实差等突出问题，力戒形式主义、官僚主义。强化考核结果分析运用，将其作为干部选拔任用、评先奖优、问责追责的重要依据，使政治坚定、奋发有为的干部得到褒奖和鼓励，使慢作为、不作为、乱作为的干部受到警醒和惩戒。加强考核结果反馈，引导干部发扬成绩、改进不足，更好忠于职守、担当奉献。

3. 处理群众信访须认真

示警案例

A 区某街道综合执法大队教导员冯某、大队长崔某在处理群众信访举报工作中存在形式主义问题。2019 年 6 月，A 区某街道接到

处理群众信访须认真

群众信访举报，反映公寓底商堵塞楼内消防通道、住户占用公共绿地私搭乱盖问题。街道综合执法大队教导员冯某、大队长崔某先后到该公寓进行现场核查，在未对底商进行内部检查的情况下，敷衍应付，向区整改办回复举报情况“不属实”。2019 年 7 月 5 日，市环保督察组通报指出，A 区存在对群众信访举报调查不实不细的问题。2019 年 12 月，崔某、冯某分别受到政务警告处分。

精析点评

党章明确要求，坚持权为民所用、情为民所系、利为民所谋，不允许任何党员脱离群众，凌驾于群众之上。党员干部无论在什么样的岗位上，其职责使命就是全心全意为群众解决困难，想群众之所想、急群众之所急、办群众之所求。而不是虚情假意、虚以应付，用形式主义、官僚主义的态度对待群众，甚至欺骗群众、糊弄群众。

收到群众诉求反映公寓底商堵塞楼内消防通道、住户占用公共绿地私搭乱盖等问题后，街道综合执法大队教导员冯某、大队长崔某先后到该公寓进行现场核查，在未对底商进行内部检查的情况下，敷衍应付，向区整改办回复举报情况“不属实”。这种行为表面上看只是工作态度问题，实质上却是官僚作风、特权思想的表现。虚以应付、敷衍了事，不走心的背后，缺少的正是为官的责任与担当、做事的热情与干劲。

怎么对待群众诉求，既是政治立场、政治本色问题，也是态度问题、感情问题。对群众讲不讲感情，这是党员干部党性强不强的重要体现。作为一名党员干部，应当践行党的宗旨，把服务群众作为自身的第一职责，努力解决好群众的问题，为群众办好事、让群众好办事。

法条链接

《关于新形势下党内政治生活的若干准则》
（2016 年 10 月 27 日中国共产党第十八届中央委员会第六次全体会议通过）

五、保持党同人民群众的血肉联系

……

全党必须牢固树立人民群众是历史创造者的历史唯物主义观点，站稳群众立场，增进群众感情。党的各级组织、全体党员特别是各级领导机关和领导干部要贯彻党的群众路线，做到一切为了群众，一切依靠群众，从群众中来，到群众中去，为群众办实事、解难事，当好人民公仆。坚持问政于民、问需于民、问计于民，决不允许在群众面前自以为是、盛气凌人，决不允许当官做老爷、漠视群众疾苦，更不允许欺压群众、损害和侵占群众利益。改进和创新联系群众方法，建立和完善民意调查等制度，利用传统媒体和互联网等各种渠道了解社情民意，倾听群众呼声，密切党群干群关系，把对上负责和对下负责一致起来，着力实现好、维护好、发展好最广大人民根本利益。

……

《中国共产党纪律处分条例》

（2018年8月18日）

第一百一十六条 有下列行为之一，对直接责任者和领导责任者，情节较重的，给予警告或者严重警告处分；情节严重的，给予撤销党内职务或者留党察看处分：

（一）对涉及群众生产、生活等切身利益的问题依照政策或者有关规定能解决而不及时解决，庸懒无为、效率低下，造成不良影响的；

（二）对符合政策的群众诉求消极应付、推诿扯皮，损害党群、干群关系的；

（三）对待群众态度恶劣、简单粗暴，造成不良影响的；

（四）弄虚作假，欺上瞒下，损害群众利益的；

（五）有其他不作为、乱作为等损害群众利益行为的。

《信访工作责任制实施办法》

（新华社北京2016年10月24日电）

第六条 地方各级党委和政府在预防和处理本地区信访问题中负有主体责任，应当加强矛盾纠纷排查化解和信访风险防控预警，针对具体问题明确责任归属，协调督促有关责任部门和单位依法、及时、就地解决，并加强对信访群众的疏导教育。

……

第十一条 各级党政机关及其领导干部、工作人员不履行或者未能正确履行本办法所列责任内容，有下列情形之一的，应当追究责任：

（一）因决策失误、工作失职，损害群众利益，导致信访问题产生，造成严重后果的；

（二）未按照规定受理、交办、转送和督办信访事项，或者不执行信访事项处理意见，严重损害信访群众合法权益的；

（三）违反群众纪律，对应当解决的群众合理合法诉求消极应付、推诿扯皮，或者对待信访群众态度恶劣、简单粗暴，损害党群干群关系，造成严重后果的；

（四）对发生的集体访或者信访负面舆情处置不力，导致事态扩大，造成不良影响的；

（五）对信访部门提出的改进工作、完善政策和给予处分等建议重视不够、落实不力，导致问题长期得不到解决的；

（六）其他应当追究责任的失职失责情形。

对前款规定中涉及的集体责任，领导班子主要负责人和直接主管的负责人承担主要领导责任，参与决策和工作的班子其他成员承担重要领导责任，对错误决策或者行为提出明确反对意见而没有被采纳的，不承担领导责任；涉及的个人责任，具体负责的工作人员承担直接责任，领导班子主要负责人和直接主管的负责人承担领导责任。

第十二条 根据情节轻重，对各级党政机关领导干部、工作人员的责任追究采取通报、诫勉、组织调整或者组织处理、纪律处分的方式进行。上述追责方式，可以单独使用，也可以合并使用。

涉嫌违法犯罪的，按照国家有关法律规定处理。

第十三条 对具有本办法第十一条所列情形、情节较轻的，由有管理权限的党政机关对相关责任人进行通报，限期整改。

……

第十六条 对在信访工作中失职失责的相关责任人，应当给予党纪政纪处分的，依纪依法追究责任。

4. 资助“哪去了”

示警案例

A 市某县教育局原党组书记、局长范某等人漠视群众利益、致使贫困户子女未享受教育扶贫资助。根据该县 2017 年相关文件规定，

资助“哪去了”

乡镇中心校负责统计上报辖区内建档立卡贫困户家庭子女享受教育资助人员名单，乡镇负责排查核实人员信息。2018 年 3 月，A 市脱贫攻坚专项巡察组巡察发现，该县一镇中心校统计贫困户家庭子女享受教育资助人员名单存在漏报问题，这个中心校 2017 年共申报建档立卡贫困户子女 621 名，还有 156 名建档立卡贫困户家庭子女应享受教育资助而未享受，造成了不良社会影响。时任县教育局党组书记、局长、教育精准扶贫实施工作领导小组组长范某，县教育局党组成员、副局长、教育系统扶贫工作分管领导张某对此负有主要领导责任。2018 年 5 月，范某、张某均受到党内严重警告处分并被免职；其他 4 名责任人受到相应处理。

精析点评

保持群众观点、站稳群众立场、坚持群众路线，是我们党一直以来的执政优势之所在。中国共产党在百年的奋斗历程中，始终与人民群众同甘苦、共患难，铸就了密不可分的血肉联系。“舟和水”“鱼和水”“公仆和主人”等语言，都是对党和人民群众关系的生动比喻。也正是因为对人民群众历史地位的深刻认识、对群众工作的高度重视，我们党才团结和带领人民群众，取得了革命、建设和改革的一个又一个胜利。

时代在变化，应该说，今天的经济社会发展条件为服务群众提供了更好的硬件，我们有理由让群众的生活更加美好。但在现实中，我们也发现，一些党员干部漠视群众疾苦、忽视社情民意，甚至站在群众的对立面上，违背群众意愿、侵害群众利益。就像本案例的情形，县教育局原党组书记、局长范某等人漠视群众利益，致使贫困户子女未享受教育扶贫资助，表面上看是态度、能力问题，实际上是党性问题，是作风问题。

心无百姓莫为官。柴米油盐酱醋茶，一桩桩的小事，看似琐碎，但对群众来说都是实实在在的大事，有的甚至还是急事、难事。如果这些小事得不到及时有效的解决，就会影响群众的生产生活和幸福感。新冠肺炎疫情防控期间，习近平总书记在考察湖北武汉疫情防控工作时强调，对被隔离群众出现的一些情绪宣泄，我们要多理解、多宽容、多包容。武汉人喜欢吃活鱼，市场供应上多想一些办法。一枝一叶总关情，习近平总书记在点点滴滴、细枝末节上关怀备至，生动展现了人民领袖爱人民的真挚情感，也为全党作出了表率和示范。大量事实也证明，能否带着感情、带着责任、带着初心去联系群众、服务群众，其效果截然不同：漠视群众的人，一定会被群众漠视；把群众放在心上的人，群众会永远将他记在心里。

群众利益无小事。凡是涉及群众的切身利益和实际困难的事情，再小也不能含糊，再小也要竭尽全力去办。教育发展、征地拆迁、涉农资金、安全生产、环境保护、医疗卫生……这些都是和群众利益息息相关的领域，也最容易发生侵害群众利益的案件。这就要求我们的干部从群众关注的焦点、百姓生活的难点中寻找切入点，让百姓感受到实实在在的好处，最大限度地凝聚民心，积聚起推动改革发展的强大动力。

法条链接

《中国共产党纪律处分条例》
（2018年8月18日）

第一百一十六条 有下列行为之一，对直接责任者和领导责任者，情节较重的，给予警告或者严重警告处分；情节严重的，给予撤销党内职务或者留党察看处分：

（一）对涉及群众生产、生活等切身利益的问题依照政策或者有关规定能解决而不及时解决，庸懒无为、效率低下，造成不良影响的；

（二）对符合政策的群众诉求消极应付、推诿扯皮，损害党群、干群关系的；

（三）对待群众态度恶劣、简单粗暴，造成不良影响的；

（四）弄虚作假，欺上瞒下，损害群众利益的；

（五）有其他不作为、乱作为等损害群众利益行为的。

《推进领导干部能上能下若干规定（试行）》
（2015年7月19日）

第八条 对不适宜担任现职的干部应当进行调整。不适宜担任现职，主要指干部的德、能、勤、绩、廉与所任职务要求不符，不宜在现岗位继续任职。

干部具有下列情形之一，经组织提醒、教育或者函询、诫勉没有改正，被认定为不适宜担任现职的，必须及时予以调整：

……

（六）不敢担当、不负责任，为官不为、庸懒散拖，干部群众意见较大的；

（七）不能有效履行职责、按要求完成工作任务，单位工作或者分管工作处于落后状态，或者出现较大失误的；

……

（十）其他不适宜担任现职的情形。

《关于进一步激励广大干部新时代新担当新作为的意见》（新华社北京 2018 年 5 月 20 日电）

三、充分发挥干部考核评价的激励鞭策作用。适应新时代新任务新要求，完善干部考核评价机制，切实解决干与不干、干多干少、干好干坏一个样的问题。突出对党中央决策部署贯彻执行情况的考核，制定出台党政领导干部考核工作条例，改进年度考核，推进平时考核，构建完整的干部考核工作制度体系。体现差异化要求，合理设置干部考核指标，改进考核方式方法，增强考核的科学性、针对性、可操作性，调动和保护好各区域、各战线、各层级干部的积极性。完善政绩考核，引导干部牢固树立正确政绩观，防止不切实际定目标，切实解决表态多调门高、行动少落实差等突出问题，力戒形式主义、官僚主义。强化考核结果分析运用，将其作为干部选拔任用、评先奖优、问责追责的重要依据，使政治坚定、奋发有为的干部得到褒奖和鼓励，使慢作为、不作为、乱作为的干部受到警醒和惩戒。加强考核结果反馈，引导干部发扬成绩、改进不足，更好忠于职守、担当奉献。

《中央纪委办公厅印发工作意见集中整治形式主义官僚主义重点整治四个方面 12 类突出问题》（新闻稿）

（2018 年 9 月 25 日）

在联系群众、服务群众方面，重点整治群众身边特别是群众反映强烈的形式主义、官僚主义突出问题。比如，漠视群众利益和疾苦，对群众反映强烈的问题无动于衷、消极应付，对群众合理诉求推诿扯皮、冷硬横推，对群众态度简单粗暴、颐指气使；便民服务单位和政务服务窗口态度差、办事效率低，政务服务热线、政府网站、政务 APP 运行“僵尸化”；“新官不理旧事”，言而无信，重招商轻落地、轻服务，影响营商环境。

5.“办证难、办证慢”要不得

示警案例

某市不动产登记中心原负责人郑某等人漠视群众利益和疾苦。不动产登记中心自成立以来，当地群众反映“办证难、办证慢”问

“办证难、办证慢”要不得

题一直较为突出，中央和省有关部门明确要求进行核查处理，市政府多次召开协调会、现场办公会研究整改措施，市纪委监委派驻市房产局纪检监察组约谈了郑某等人。但市国土资源局、市房产局、市不动产登记中心重视不够，行动迟缓，一直未拿出切实可行的措施进行整改。郑某等人漠视群众呼声，对这一长期诉求和意见消极应付，一味强调客观条件限制，拒不落实上级部门多次整改要求，反而擅自作出受理业务每天限号 50 个的决定，导致“办证难、办证慢”问题始终未得到有效解决，甚至出现“哪怕闲着，没有号，也不受理登记”的情况。

精析点评

近年来，随着作风建设持续深入推进，党员干部和公职人员服务意识总体上不断增强，“门难进”在很多地方、部门已经得到有效纠正。然而，门虽好进了，但“脸难看、话难听、事难办”仍时不时地戳中老百姓“痛点”。如本案一样，出国办护照难、孕妇办准生证难、收养办证难、落户口难、退交通卡难、社会组织登记难、公益组织落实税收优惠政策难……类似办证难的问题，不少人随手拈来就是一长串。

其实，不管是“门难进”，还是“脸难看、话难听、事难办”，这些作风问题，只是在工作环节中的表现不同而已，“病根”都是一些干部的官本位思想严重，没有真正把老百姓当亲人，总喜欢用“官”和“管”的态度来对待群众。同时，从“门难进”到“脸难看、话难听、事难办”，这也反映出形式主义、官僚主义具有很强的顽固性，要荡涤不良习气，必须一寸不让、步步深入。

防治“门难进”“脸难看、话难听、事难办”这些老百姓的“痛点”，不能“头疼医头、脚疼医脚”，而是要通过简政放权，转职能、改作风，切实解决门难进、脸难看、事难办的问题，更好地服务基层、服务群众。特别是在信息化时代，要善于运用信息化手段推进政务公开、党务公开，加快推进电子政务，构建全流程一体化在线服务平台，让“机控”取代“人控”，使推诿扯皮的作风失去存在空间，人们办事不再“跑断腿”“挤破门”“急死人”，也使得“吃拿卡要”、权钱交易等“寻租”现象难以发生。

“破山中贼易，破心中贼难。”对各级干部特别是经常与群众面对面打交道的干部而言，类似办证难这些事情本身并不是难事，关键看有没有一颗真正为人民服务的心，如果有这样的心，再难的事都不难。如果没有这样的心，再简单的事都能变得很难。广大党员干部和公职人员当固本培元，筑牢为人民服务的思想根基。

法条链接

《中国共产党章程》

（中国共产党第十九次全国代表大会部分修改，2017 年 10 月 24 日通过）

第三十六条 党的各级领导干部必须信念坚定、为民服务、勤政务实、敢于担当、清正廉洁，模范地履行本章程第三条所规定的党员的各项义务，并且必须具备以下的基本条件：

……

（五）正确行使人民赋予的权力，坚持原则，依法办事，清正廉洁，勤政为民，以身作则，艰苦朴素，密切联系群众，坚持党的群众路线，自觉地接受党和群众的批评和监督，加强道德修养，讲党性、重品行、作表率，做到自重、自省、自警、自励，反对形式主义、官僚主义、享乐主义和奢靡之风，反对任何滥用职权、谋求私利的行为。

……

《中国共产党纪律处分条例》
（2018年8月18日）

第一百一十六条 有下列行为之一，对直接责任者和领导责任者，情节较重的，给予警告或者严重警告处分；情节严重的，给予撤销党内职务或者留党察看处分：

（一）对涉及群众生产、生活等切身利益的问题依照政策或者有关规定能解决而不及时解决，庸懒无为、效率低下，造成不良影响的；

（二）对符合政策的群众诉求消极应付、推诿扯皮，损害党群、干群关系的；

（三）对待群众态度恶劣、简单粗暴，造成不良影响的；

（四）弄虚作假，欺上瞒下，损害群众利益的；

（五）有其他不作为、乱作为等损害群众利益行为的。

第一百二十二条 有下列行为之一，造成严重不良影响，对直接责任者和领导责任者，情节较轻的，给予警告或者严重警告处分；情节较重的，给予撤销党内职务或者留党察看处分；情节严重的，给予开除党籍处分：

（一）贯彻党中央决策部署只表态不落实的；

（二）热衷于搞舆论造势、浮在表面的；

（三）单纯以会议贯彻会议、以文件落实文件，在实际工作中不见诸行动的；

（四）工作中有其他形式主义、官僚主义行为的。

《党政领导干部选拔任用工作条例》

（2019 年 3 月 3 日）

第七条 党政领导干部必须信念坚定、为民服务、勤政务实、敢于担当、清正廉洁，具备下列基本条件：

……

（五）正确行使人民赋予的权力，坚持原则，敢抓敢管，依法办事，以身作则，艰苦朴素，勤俭节约，坚持党的群众路线，密切联系群众，自觉接受党和群众的批评、监督，加强道德修养，讲党性、重品行、作表率，带头践行社会主义核心价值观，廉洁从政、廉洁用权、廉洁修身、廉洁齐家，做到自重自省自警自励，反对形式主义、官僚主义、享乐主义和奢靡之风，反对任何滥用职权、谋求私利的行为；

……

《关于进一步激励广大干部新时代新担当新作为的意见》

（新华社北京 2018 年 5 月 20 日电）

三、充分发挥干部考核评价的激励鞭策作用。适应新时代新任务新要求，完善干部考核评价机制，切实解决干与不干、干多干少、干好干坏一个样的问题。突出对党中央决策部署贯彻执行情况的考核，制定出台党政领导干部考核工作条例，改进年度考核，推进平时考核，构建完整的干部考核工作制度体系。体现差异化要求，合理设置干部考核指标，改进考核方式方法，增强考核的科学性、针对性、可操作性，调动和保护好各区域、各战线、各层级干部的积极性。完善政绩考核，引导干部牢固树立正确政绩观，防止不切实际定目标，切实解决表态多调门高、行动少落实差等突出问题，力戒形式主义、官僚主义。强化考核结果分析运用，将其作为干部选拔任用、评先奖优、问责追责的重要依据，使政治坚定、奋发有为的干部得到褒奖和鼓励，使慢作为、不作为、乱作为的干部受到警醒和惩戒。加强考核结果反馈，引导干部发扬成绩、改进不足，更好忠于职守、担当奉献。

《中国共产党问责条例》

（中共中央 2019 年 8 月 25 日印发）

第七条 党组织、党的领导干部违反党章和其他党内法规，不履行或者不正确履行职责，有下列情形之一，应当予以问责：

……

（十）在教育医疗、生态环境保护、食品药品安全、扶贫脱贫、社会保障等涉及人民群众最关心最直接最现实的利益问题上不作为、乱作为、慢作为、假作为，损害和侵占群众利益问题得不到整治，以言代法、以权压法、徇私枉法问题突出，群众身边腐败和作风问题严重，造成恶劣影响的；

……

三

履职尽责、服务经济社会不担当、不作为问题

1. 弄虚作假岂能“过关”

示警案例

A 市部署开展土地确权颁证工作以来，某县部分乡镇干部思想重视不够、责任不实、措施不力，导致该项工作严重滞后。2017 年

弄虚作假岂能“过关”

6月至2018年2月，为应付上级检查考核，该县农业局局长兼土地确权颁证领导小组副组长赵某、县农业局机关党委副书记兼确权办主任朱某、县农业局科员宋某弄虚作假，将实际不到1%的颁证率逐月虚报至94.5%，企图蒙混过关。该县相关单位贻误土地确权颁证工作且弄虚作假。2019年4月，赵某、朱某、宋某分别受到政务记过处分，其他18名乡镇干部分别受到政务警告或政务记过处分。

精析点评

习近平总书记指出，“做人要实，就是要对党、对人民、对同志忠诚老实，做老实人、说老实话、干老实事”。告诫党员干部办事务实、言行一致，一是一，二是二，不造假、不作秀，如此方能不折不扣地贯彻落实好党的路线方针政策和各项决策部署。

俗话说，“烧火要虚，做人要实”。对领导干部而言，讲真话、办实事，不单是一个做人的品格问题，更是一个作风问题，关系着事业成败。甲午之战，清军之所以失败，原因很多，其中一个原因就是败在了形式主义、官僚主义上。清军平时海训，船动而靶不动，平时校阅，徒求演放整齐。后来发生的事实证明，训练与实战的差距有多大，战场上就要用多少鲜血来弥补。在战争年代，弄虚作假、谎报军情，是要付出巨大代价的。在和平时期，搞形式主义，欺骗上级、瞒天过海，虽性质严重程度不同，但泛滥开来，对事业同样贻害无穷。

现实中，弄虚作假上报数据，喜欢做“水分”文章的领导干部并不少见。有的在脱贫攻坚中欺上瞒下，搞“数字脱贫”“贷款脱贫”“预算脱贫”，有的报喜不报忧，数据造假、虚报浮夸时有发生，还有一些党员干部学历造假、年龄造假、档案造假，不一而足。究其根源，还是一些领导干部政绩观不端正，投机取巧之心太重。

“假的真不了，真的假不了。”自欺欺人看似聪明，但实际上是“搬起石头砸自己的脚”。案例中的赵某、朱某、宋某弄虚作假，将实际不到1%的颁证率逐月虚报至94.5%，企图蒙混过关，最终还是被发现查处。就像鲁迅先生所说的，“万事闭眼睛，聊以自欺，而且欺人”。讽刺之余，亦告诫党员干部，自欺欺人难长久，踏踏实实才是真。

反对弄虚作假、虚报浮夸，是对党组织和党员的基本要求。党的十八届六中全会通过的《关于新形势下党内政治生活的若干准则》中明确指出，“党的各级组织和全体党员必须对党忠诚老实、光明磊落”，“反对弄虚作假、虚报浮夸，反对隐瞒实情、报喜不报忧”。狠刹弄虚作假的不良风气，要从思想根源入手，强化党性修养、补足精神之“钙”，引导党政领导干部说实话、报实情，办实事、求实效，真正把心思和功夫用在解决实际问题上。同时，遏制弄虚作假之风，各地区各部门必须进一步树立正确的选人用人导向，建立科学的干部考核标准，真正让那些埋头苦干、忠诚干净的干部得到褒奖重用，让那些不干实事、弄虚作假的干部失去市场。各级纪检监察机关也要拿起执纪问责的武器，大力向不实之风开刀，见到就批、露头就打，对问题要严肃追究，对责任人要问责处理。

法条链接

《关于新形势下党内政治生活的若干准则》

（2016年10月27日中国共产党第十八届中央委员会第六次全体会议通过）

四、严明党的政治纪律

……

党的各级组织和全体党员必须对党忠诚老实、光明磊落，说老实话、办老实事、做老实人，如实向党反映和报告情况，反对搞两面派、做“两面人”，反对弄虚作假、虚报浮夸，反对隐瞒实情、报喜不报忧。领导机关和领导干部不准以任何理由和名义纵容、唆使、暗示或强迫下级说假话。凡因弄虚作假、隐瞒实情给党和人民事业造成重大损失的，凡因弄虚作假、隐瞒实情骗取荣誉、地位、奖励或其他利益的，凡因纵容、唆使、暗示或强迫下级弄虚作假、隐瞒实情的，都要依纪依规严肃问责追责。对坚持原则、敢于说真话的同志，要给予支持、保护、鼓励。

……

八、坚持正确选人用人导向

……

党的各级组织和领导干部必须牢记空谈误国、实干兴邦，践行正确政绩观，发扬钉钉子精神，力戒空谈，察实情、出实招、办实事、求实效，做到守土尽责。各级领导干部要无私无畏，做到面对矛盾敢于迎难而上，面对危险敢于挺身而出，面对失误敢于承担责任。党的各级组织要旗帜鲜明为敢于担当的干部担当，为敢于负责的干部负责。对不担当、不作为、敷衍塞责的干部要严肃批评，必要时给予组织处理或党纪处分；对失职渎职的要严肃问责，造成严重后果的要严肃追责，依纪依法处理。

《中国共产党纪律处分条例》
（2018 年 8 月 18 日）

第一百一十六条 有下列行为之一，对直接责任者和领导责任者，情节较重的，给予警告或者严重警告处分；情节严重的，给予撤销党内职务或者留党察看处分：

（一）对涉及群众生产、生活等切身利益的问题依照政策或者有关规定能解决而不及时解决，庸懒无为、效率低下，造成不良影响的；

（二）对符合政策的群众诉求消极应付、推诿扯皮，损害党群、干群关系的；

（三）对待群众态度恶劣、简单粗暴，造成不良影响的；

（四）弄虚作假，欺上瞒下，损害群众利益的；

（五）有其他不作为、乱作为等损害群众利益行为的。

第一百二十二条 有下列行为之一，造成严重不良影响，对直接责任者和领导责任者，情节较轻的，给予警告或者严重警告处分；情节较重的，给予撤销党内职务或者留党察看处分；情节严重的，给予开除党籍处分：

（一）贯彻党中央决策部署只表态不落实的；

（二）热衷于搞舆论造势、浮在表面的；

（三）单纯以会议贯彻会议、以文件落实文件，在实际工作中不见诸行动的；

（四）工作中有其他形式主义、官僚主义行为的。

2. 审核把关要严格

示警案例

某区民政局原调研员魏某、社会事务科原工作人员黄某履职不力。2013 年至 2015 年，时任该局副调研员魏某、工作人员黄某在审

审核把关要严格

核辖区5家非营利性民办养老机构床位运营补贴资金申请时，审核把关流于形式，未正确履行职责，对养老机构在院老人床位使用情况疏于监管，导致养老机构违规通过审核并获得财政补贴，造成不良影响。2019年3月，魏某受到党内警告处分，黄某被党纪立案。

精析点评

清代学者纪晓岚在《阅微草堂笔记》中讲了一则故事：北村有个叫郑苏仙的人，一次做梦到了冥府，看见阎王正在登记刚抓到冥府的人。这时，有一个穿着官服的人气昂昂地进了大殿，自称一生为官，所到之处只喝老百姓一杯水，无愧鬼神。阎王微笑着说："设立官制是为了治理国家、造福百姓。如果说不要老百姓的钱就是好官，那么立个木偶在公堂上，它连水都不喝一口，不比你还廉洁吗？"这官辩解道："我虽没有功劳，但也没有罪啊！"阎王说："你一生处处求的是保全自己，某个案子，你为了避开嫌疑没敢说话，这不是有负于民吗？某件事情，你怕麻烦没有上报朝廷，这不是有负于国吗？"这个故事对我们的启示在于，为官从政，仅仅廉洁是不够的，还要有作为、敢担当，为国尽职、为民办事。如果无所作为、尸位素餐，那还不如供个稻草人、木头人。

在其位，谋其政；行其权，尽其责。党员领导干部无论担任何种职务、无论职务大小，都务必始终牢记"干事"是天职，“担当”是使命。如果只食俸禄，不理政事，只坐位子，不担职责，就是当干部最大的失职。在实际工作中，审核把关是一项不可或缺的重要程序，可某些领导干部往往在审核把关时“走过场”。上述案例中魏某、黄某审核把关流于形式、浮于表面，导致养老机构违规通过审核并获得财政补贴，这种不履行职责、不坚守原则，放任群众利益和国家财政资金受损的党员干部，与徒有其表的“稻草人”无异。

透过现象看本质。审核把关流于形式、浮于表面，眼力不济的背后，折射出的是部分党员干部宗旨意识的淡化、理想信念的弱化以及履职能力的退化。习近平总书记指出，“党的干部都是人民公仆，自当在其位谋其政，既廉又勤，既干净又干事”。党员干部手中的权力来自人民，肩负着人民群众的重托，对于自己的本职工作，尤其是涉及群众切身利益的事情，理应做到尽心尽责。如果敷衍了事、懒散懈怠，无疑辜负了群众的重托和组织的信任。对那些漠视群众疾苦、敷衍塞责的“稻草人”式党员干部，一方面，要规范用权，盯紧人和事，健全审核、发放、公示等流程，加强社会监督。另一方面，要严肃追责、及时问责，公开通报曝光，通过问责强化党员干部的责任担当。

法条链接

《关于新形势下党内政治生活的若干准则》

（2016年10月27日中国共产党第十八届中央委员会第六次全体会议通过）

八、坚持正确选人用人导向

……

党的各级组织和领导干部必须牢记空谈误国、实干兴邦，践行正确政绩观，发扬钉钉子精神，力戒空谈，察实情、出实招、办实事、求实效，做到守土尽责。各级领导干部要无私无畏，做到面对矛盾敢于迎难而上，面对危险敢于挺身而出，面对失误敢于承担责任。党的各级组织要旗帜鲜明为敢于担当的干部担当，为敢于负责的干部负责。对不担当、不作为、敷衍塞责的干部要严肃批评，必要时给予组织处理或党纪处分；对失职渎职的要严肃问责，造成严重后果的要严肃追责，依纪依法处理。

《中国共产党纪律处分条例》

（2018年8月18日）

第一百一十六条　有下列行为之一，对直接责任者和领导责任者，情节较重的，给予警告或者严重警告处分；情节严重的，给予撤销党内职务或者留党察看处分：

（一）对涉及群众生产、生活等切身利益的问题依照政策或者有关规定能解决而不及时解决，庸懒无为、效率低下，造成不良影响的；

（二）对符合政策的群众诉求消极应付、推诿扯皮，损害党群、干群关系的；

（三）对待群众态度恶劣、简单粗暴，造成不良影响的；

（四）弄虚作假，欺上瞒下，损害群众利益的；

（五）有其他不作为、乱作为等损害群众利益行为的。

《关于进一步激励广大干部新时代新担当新作为的意见》（新华社北京 2018 年 5 月 20 日电）

二、鲜明树立重实干重实绩的用人导向。坚持好干部标准，突出信念过硬、政治过硬、责任过硬、能力过硬、作风过硬，大力选拔敢于负责、勇于担当、善于作为、实绩突出的干部。坚持从对党忠诚的高度看待干部是否担当作为，注重从精神状态、作风状况考察政治素质，既看日常工作中的担当，又看大事要事难事中的表现。坚持有为才有位，突出实践实干实效，让那些想干事、能干事、干成事的干部有机会有舞台。坚持全面历史辩证地看待干部，公平公正对待干部，对个性鲜明、坚持原则、敢抓敢管、不怕得罪人的干部，符合条件的要大胆使用。坚持优者上、庸者下、劣者汰，对巡视等工作中发现的贯彻执行党的路线方针政策和决策部署不坚决不全面不到位等问题，组织部门要及时跟进，对不担当不作为的干部，根据具体情节该免职的免职、该调整的调整、该降职的降职，使能上能下成为常态。

三、充分发挥干部考核评价的激励鞭策作用。适应新时代新任务新要求，完善干部考核评价机制，切实解决干与不干、干多干少、干好干坏一个样的问题。突出对党中央决策部署贯彻执行情况的考核，制定出台党政领导干部考核工作条例，改进年度考核，推进平时考核，构建完整的干部考核工作制度体系。体现差异化要求，合理设置干部考核指标，改进考核方式方法，增强考核的科学性、针对性、可操作性，调动和保护好各区域、各战线、各层级干部的积极性。完善政绩考核，引导干部牢固树立正确政绩观，防止不切实际定目标，切实解决表态多调门高、行动少落实差等突出问题，力戒形式主义、官僚主义。强化考核结果分析运用，将其作为干部选拔任用、评先奖优、问责追责的重要依据，使政治坚定、奋发有为的干部得到褒奖和鼓励，使慢作为、不作为、乱作为的干部受到警醒和惩戒。加强考核结果反馈，引导干部发扬成绩、改进不足，更好忠于职守、担当奉献。

《中央纪委办公厅印发工作意见　集中整治形式主义官僚主义重点整治四个方面 12 类突出问题》（新闻稿）

（2018 年 9 月 25 日）

在履职尽责、服务经济社会发展方面，重点整治不担当、不作为、慢作为、乱作为、假作为等严重影响改革发展高质量的突出问题。比如，不顾实际情况、不经科学论证，违反规定程序乱决策、乱拍板、乱作为；弄虚作假，编造假经验、假典型、假数据，瞒报、谎报情况，隐藏、遮掩问题。

3.“零报告”真的是没有吗?

示警案例

A 县某中学没有严格执行控辍保学工作的有关规定，没有建立健全辍学学生名册以及如实上报辍学学生人数，一直以“零报告”

“零报告”真的是没有吗?

形式上报县教育局。2019 年 4 月 3 日，脱贫攻坚督查暗访组到该中学了解控辍保学工作情况，发现该校无法提供完整的辍学学生名单，没有开展辍学学生“一生一案”工作，存在漏报、瞒报现象。经核查，发现该校 2019 年春季学期适龄儿童、少年辍学人数为 262 人，其中建档立卡贫困户子女 39 人。中学校长齐某某、政教处主任汪某等人缺乏主动担当意识，开展控辍保学工作不严不实，行动上消极懈怠。2019 年 7 月，齐某某、汪某受到党内警告处分。

精析点评

教育扶贫体现的是党和政府对困难学生的关怀和帮助，义务教育控辍保学工作要做到“一个不漏”“清零销号”“一个不走”，让真正贫困的学生受到帮助，才能实现政策的初衷。

2018 年 6 月，中共中央、国务院印发的《关于打赢脱贫攻坚战三年行动的指导意见》强调，“以保障义务教育为核心，全面落实教育扶贫政策，进一步降低贫困地区特别是深度贫困地区、民族地区义务教育辍学率，稳步提升贫困地区义务教育质量”。然而，从控辍保学工作实际看，一些形式主义、官僚主义问题严重影响了教育扶贫政策的有效落实。有的工作作风不严不实，失职失责问题突出；有的懒散松懈，消极应对。案例中 A 县某中学既没有建立健全辍学学生名册，也未如实上报辍学学生人数，一直以“零报告”形式上报县教育局。这些做法的危害，不仅在于影响每一个辍学的孩子，更让党和国家的扶贫政策落空、跑偏。

“零报告”不等于“零问题”，弄虚作假的表象背后是一些干部在思想层面宗旨意识淡漠，对党不忠诚不老实，这种做法有时比问题本身更加恶劣。面对“零报告”，有关部门应及时将其“晒”出来接受群众监督，用阳光透明挤干其中的水分。同时，将“零报告”单位列为重点督查对象，综合运用督查等方式进行复核，一旦查实存在问题，严肃倒查虚假“零报告”背后的失职责任，倒逼各级各部门、各类学校落实教育扶贫责任，解决教育政策落实中的“中梗阻”问题。

法条链接

《中国共产党章程》
（中国共产党第十九次全国代表大会部分修改，2017 年 10 月 24 日通过）

第三十五条 党的干部是党的事业的骨干，是人民的公仆，要做到忠诚干净担当。党按照德才兼备、以德为先的原则选拔干部，坚持五湖四海、任人唯贤，坚持事业为上、公道正派，反对任人唯亲，努力实现干部队伍的革命化、年轻化、知识化、专业化。

……

《关于新形势下党内政治生活的若干准则》

（2016 年 10 月 27 日中国共产党第十八届中央委员会第六次全体会议通过）

四、严明党的政治纪律

……

党的各级组织和全体党员必须对党忠诚老实、光明磊落，说老实话、办老实事、做老实人，如实向党反映和报告情况，反对搞两面派、做“两面人”，反对弄虚作假、虚报浮夸，反对隐瞒实情、报喜不报忧。领导机关和领导干部不准以任何理由和名义纵容、唆使、暗示或强迫下级说假话。凡因弄虚作假、隐瞒实情给党和人民事业造成重大损失的，凡因弄虚作假、隐瞒实情骗取荣誉、地位、奖励或其他利益的，凡因纵容、唆使、暗示或强迫下级弄虚作假、隐瞒实情的，都要依纪依规严肃问责追责。对坚持原则、敢于说真话的同志，要给予支持、保护、鼓励。

……

八、坚持正确选人用人导向

……

党的各级组织和领导干部必须牢记空谈误国、实干兴邦，践行正确政绩观，发扬钉钉子精神，力戒空谈，察实情、出实招、办实事、求实效，做到守土尽责。各级领导干部要无私无畏，做到面对矛盾敢于迎难而上，面对危险敢于挺身而出，面对失误敢于承担责任。党的各级组织要旗帜鲜明为敢于担当的干部担当，为敢于负责的干部负责。对不担当、不作为、敷衍塞责的干部要严肃批评，必要时给予组织处理或党纪处分；对失职渎职的要严肃问责，造成严重后果的要严肃追责，依纪依法处理。

《中国共产党纪律处分条例》

（2018年8月18日）

第一百一十六条 有下列行为之一，对直接责任者和领导责任者，情节较重的，给予警告或者严重警告处分；情节严重的，给予撤销党内职务或者留党察看处分：

（一）对涉及群众生产、生活等切身利益的问题依照政策或者有关规定能解决而不及时解决，庸懒无为、效率低下，造成不良影响的；

（二）对符合政策的群众诉求消极应付、推诿扯皮，损害党群、干群关系的；

（三）对待群众态度恶劣、简单粗暴，造成不良影响的；

（四）弄虚作假，欺上瞒下，损害群众利益的；

（五）有其他不作为、乱作为等损害群众利益行为的。

《干部选拔任用工作监督检查和责任追究办法》

（2019年5月13日起施行）

第十条 促进干部担当作为情况。重点监督检查是否采取有效措施激励干部担当作为，是否对不担当不作为的干部严格管理、严肃问责。

4. 提供虚假资料干预统计

示警案例

2019 年，某市在第四次全国经济普查登记工作中，区、县相关职能部门和乡镇政府采取出具虚假批文，代填代报，授意、指使、

提供虚假资料干预统计

强令普查对象提供虚假资料等方式干预统计工作，部分县统计数据严重失实。在上级检查期间，还采取解散QQ工作群、毁弃证明资料、提供虚假情况等方式阻碍监督检查，有的县领导还要求“被查单位自行承担责任，不得指认县委县政府”，造成非常严重的不良影响。

精析点评

自欺欺人，最终必然是“搬起石头砸自己的脚”。该案例正印证了这句话。撒了一个谎，就需要很多谎来圆，总有兜不住的时候。从最初的出具虚假批文、代填代报到解散QQ工作群、毁弃证明资料、提供虚假情况，阻碍监督检查，再到撇清责任，事情在形式主义的逻辑中愈演愈糟糕，最终造成了严重的不良影响。“机关算尽太聪明，反误了卿卿性命”，其中的教训深刻，值得深思。

统计造假，是“四风”问题在具体工作的表现，是典型的形式主义。在经济普查工作中，有的地方党委、政府授意、指使、强令普查对象提供虚假资料，可能出发点是为了让统计机构把数据报得好看一点。然而，统计的生命在于真实，统计数据不应该是任人打扮的“小姑娘”。统计数据造假，不仅会给国家决策传递错误信息，影响科学决策，还会败坏党风政风，透支党和政府公信力，必须旗帜鲜明予以反对制止。

从更深层次原因看，把数据搞得漂亮一点，根源还是“数字出官、官出数据”的扭曲政绩观在作祟。为了自己的政治前途，所以统计造假有动力；利用权力干预统计工作，强令、授意有关机构、人员拒报、虚报、瞒报或者篡改统计资料、编造虚假数据，造假有条件；东窗事发后也可将责任推给“个别工作人员”，造假风险小、收益大。这一系列因素导致了造假乱象。

与“假”对应的是“真”。要还原数据真实，既要做到坚持党政同责、失职追责，以零容忍态度对造假者进行严厉问责，也要打造从不敢造假，到不能造假，直至不想造假的制度体系，发挥好监察监督、司法监督、审计监督、舆论监督的合力。树立起实事求是、求真务实的鲜明导向，让凡是弄虚作假者不仅不会升官，还要降职，自然也就没有了造假的动机和动力。

法条链接

《关于新形势下党内政治生活的若干准则》
（2016年10月27日中国共产党第十八届中央委员会第六次全体会议通过）

四、严明党的政治纪律

……

党的各级组织和全体党员必须对党忠诚老实、光明磊落，说老实话、办老实事、做老实人，如实向党反映和报告情况，反对搞两面派、做“两面人”，反对弄虚作假、虚报浮夸，反对隐瞒实情、报喜不报忧。领导机关和领导干部不准以任何理由和名义纵容、唆使、暗示或强迫下级说假话。凡因弄虚作假、隐瞒实情给党和人民事业造成重大损失的，凡因弄虚作假、隐瞒实情骗取荣誉、地位、奖励或其他利益的，凡因纵容、唆使、暗示或强迫下级弄虚作假、隐瞒实情的，都要依纪依规严肃问责追责。对坚持原则、敢于说真话的同志，要给予支持、保护、鼓励。

《中国共产党纪律处分条例》

（2018 年 8 月 18 日）

第一百一十六条 有下列行为之一，对直接责任者和领导责任者，情节较重的，给予警告或者严重警告处分；情节严重的，给予撤销党内职务或者留党察看处分：

（一）对涉及群众生产、生活等切身利益的问题依照政策或者有关规定能解决而不及时解决，庸懒无为、效率低下，造成不良影响的；

（二）对符合政策的群众诉求消极应付、推诿扯皮，损害党群、干群关系的；

（三）对待群众态度恶劣、简单粗暴，造成不良影响的；

（四）弄虚作假，欺上瞒下，损害群众利益的；

（五）有其他不作为、乱作为等损害群众利益行为的。

《聘任制公务员管理规定（试行）》

（中共中央办公厅、国务院办公厅 2017 年 9 月 19 日印发）

第三十四条　聘任制公务员必须遵守公务员法等相关法律法规规定和聘任合同约定的纪律要求。

聘任制公务员在履行职责中有弄虚作假、滥用职权、玩忽职守、徇私舞弊等违纪违法行为的，依照有关规定给予批评教育、组织处理或者纪律处分；构成犯罪的，依法追究刑事责任。

《防范和惩治统计造假、弄虚作假督察工作规定》

（中共中央办公厅、国务院办公厅 2018 年 8 月 24 日印发）

第十七条　统计督察组应当坚持实事求是，深入调查研究，全面准确了解情况，客观公正反映问题。

统计督察工作人员应当严格遵守政治纪律、组织纪律、廉洁纪律、工作纪律等有关纪律要求，有下列情形之一的，视情节轻重，给予批评教育、组织处理或者党纪政务处分；涉嫌犯罪的，移送有关机关依法处理：

（一）对统计造假、弄虚作假问题瞒案不报、有案不查、查案不力，不如实报告统计督察情况，甚至隐瞒、歪曲、捏造事实的；

（二）泄露统计督察工作中知悉的国家秘密、商业秘密、个人信息及其工作秘密的；

（三）统计督察工作中超越权限造成不良后果的；

（四）违反中央八项规定精神，或者利用统计督察工作便利，谋取私利或者为他人谋取不正当利益的；

（五）有其他违反统计督察纪律行为的。

《中华人民共和国公职人员政务处分法》
（2020 年 6 月 20 日第十三届全国人民代表大会常务委员会第十九次会议通过）

第三十九条 有下列行为之一，造成不良后果或者影响的，予以警告、记过或者记大过；情节较重的，予以降级或者撤职；情节严重的，予以开除：

（一）滥用职权，危害国家利益、社会公共利益或者侵害公民、法人、其他组织合法权益的；

（二）不履行或者不正确履行职责，玩忽职守，贻误工作的；

（三）工作中有形式主义、官僚主义行为的；

（四）工作中有弄虚作假，误导、欺骗行为的；

（五）泄露国家秘密、工作秘密，或者泄露因履行职责掌握的商业秘密、个人隐私的。

四

解决困扰基层的形式主义问题

1. 数据“满分”

示警案例

有基层干部反映，上级部门在推动有关工作时，机械学习企业绩效考核方式，用量化指标考核政务工作，基层为达到满意分数只

数据“满分”

能在数据、报表上做文章，导致工作考核出现“两张皮”现象。如某单位考核，总分100分，分为七大块内容，每一大块内容又进行量化，要求定期上报相关材料，并提供会议记录、照片等佐证材料。许多单位为了完成任务不得不特意组织开会、开展活动，甚至伪造会议记录、活动现场等。

精析点评

绩效管理最早发源和存在于企业管理中，目的是通过目标设定、结果检查、业绩衡量、工作奖惩、绩效提升等一系列活动达到一种愿景。后来，在我国政府管理领域逐渐推广和普及。应该说，科学合理的绩效管理对于贯彻落实党中央决策部署，提升地方政府的治理水平具有重要意义。然而，脱离实际，用量化指标考核政务工作的做法会导致基层形式主义的产生。

世界上没有放之四海而皆准的考核办法。在企业好用的考核管理办法，在政府部门不一定适用。像本案中的“机械学习企业绩效考核方式，用量化指标考核政务工作”，可能出发点是好的，但是照搬照抄的绩效考核，直接导致基层为达到满意分数只能在数据、报表上做文章，对任务的落实和实际成效却不关心。一些单位为了完成任务不得不特意组织开会、开展活动，甚至伪造会议记录、活动现场等。这样的考核，不仅没能带来相应的绩效提升，反而给基层干部带来了很大的负担，影响到正常工作的开展，为广大干部群众所诟病。

形式主义的表现在基层，但根子往往在上面。基层流行的痕迹主义、弄虚作假等形式主义问题，固然有部分基层干部假作为、懒作为、不作为的因素，但究其根本在于上级部门考核制度设计得不科学。一般来说，如果考核指标体系设计得不科学，那么绩效考核的结果通常也不可能是科学的，甚至是相反的结果。为此，中共中央办公厅印发《关于统筹规范督查检查考核工作的通知》《关于解决形式主义突出问题为基层减负的通知》《关于持续解决困扰基层的形式主义问题为决胜全面建成小康社会提供坚强作风保证的通知》，三个通知均对改进督查检查考核总数量、方式方法等问题提出了要求。

绩效考核是一根“指挥棒”，上级如何运用这根“指挥棒”，对下级干事创业具有很大的影响。要治理基层形式主义，真正为基层减负，除了对基层干部进行教育引导外，关键的破解思路就是，坚决摒弃机械、落后的考核理念，完善绩效管理考核办法，全面准确地衡量基层干部的工作结果，最大程度地激发基层干部的积极性、主动性、创造性，让基层干部把更多时间用在抓工作落实上。

法条链接

《关于新形势下党内政治生活的若干准则》

（2016年10月27日中国共产党第十八届中央委员会第六次全体会议通过）

五、保持党同人民群众的血肉联系

……

全党必须坚决反对形式主义、官僚主义、享乐主义和奢靡之风，领导干部特别是高级干部要以身作则。反对形式主义，重在解决作风飘浮、工作不实，文山会海、表面文章，贪图虚名、弄虚作假等问题。反对官僚主义，重在解决脱离实际、脱离群众，消极应付、推诿扯皮，作风霸道、迷恋特权等问题。反对享乐主义，重在解决追名逐利、贪图享受，讲究排场、玩物丧志等问题。反对奢靡之风，重在解决铺张浪费、挥霍无度，骄奢淫逸、腐化堕落等问题。坚持抓常、抓细、抓长，特别是要防范和查处各种隐性、变异的“四风”问题，把落实中央八项规定精神常态化、长效化。

……

《关于统筹规范督查检查考核工作的通知》

（新华社北京2018年10月9日电）

二、严格控制总量，实行计划管理

规范督查检查考核工作，必须从源头抓起，从上级机关做起。

除党中央、国务院统一部署和依法依规开展的督查检查考核外，中央和国家机关各部门不得自行设置以地方党委和政府为对象的督查检查考核项目，不得在部门文件中自行规定全国性督查检查考核事项，确需开展的要一事一报。要严格控制总量和频次，中央和国家机关各部门原则上每年搞 1 次综合性督查检查考核，同类事项可合并进行，涉及多部门的联合组团下去，防止重复扎堆、层层加码，不能兴师动众，动辄对着县乡村和厂矿企业学校，影响地方和基层的正常工作。部门督查检查考核不能打着中央的旗号，日常调研指导工作不能随意冠以督查、检查、巡查、督察、督导等名义。

实行年度计划和审批报备制度。中央和国家机关各部门拟开展的涉及地方党委和政府以及本系统全国性的业务督查检查考核事项，要按照归口管理原则，年初分别报中央办公厅、国务院办公厅研究审核，由中央办公厅统一报党中央审批，以年度计划的形式印发执行。对紧急突发事项的督查检查，可以按程序报批后实施。省区市开展的全省性督查检查考核也要制定年度计划，报中央办公厅备案。

三、注重工作实绩，改进方式方法

要完善考核评价体系，突出党中央决策部署的贯彻执行情况，科学合理设置指标，视内容区分发达与欠发达地区、城市与乡村、地方与部门、机关与企事业单位等，体现差异化要求，避免“一刀切”、“一锅煮”。改进督查检查考核办法，必要的记录、台账要看，但主要看工作实绩，不能一味要求基层填表格报材料，不能简单以留痕多少评判工作好坏，不能工作刚安排就督查检查、刚部署就进行考核，不搞花拳绣腿，不要繁文缛节，不做表面文章。坚持走群众路线，加强常态化了解，多到现场看，多见具体事，多听群众说，更多关注改革发展、政策落地情况和群众获得感满意度。督查检查要突出问题导向，既着重发现落实中存在的问题，又及时了解有关政策需要完善的地方。对督查检查考核中发现的问题，要以适当方式进行反馈，加强督促整改，不能简单以问责代替整改，也不能简单搞终身问责。创新督查检查考核方式，充分运用信息化手段，实现信息资源共享，优化第三方评估，提高督查检查考核的质量和效率。

四、加强组织领导，激励担当作为

各地区各部门党委（党组）要强化主体责任，加强组织领导。中央层面建立由中央办公厅牵头，中央和国家机关有关部门参加的统筹协调机制，加强对督查检查考核工作的计划管理和监督实施。开展专项清理，从中央和国家机关做起，各级党委和政府要坚决撤销形式主义、劳民伤财、虚头巴脑的督查检查考核事项，大幅度压缩数量，对县乡村和厂矿企业学校的督查检查考核事项要减少 50% 以上。清理后保留的事项实行清单管理，可以公开的公开，接受社会监督，确保执行到位，严防反弹回潮。各地区各部门清理情况报中央办公厅。

……

《关于解决形式主义突出问题为基层减负的通知》

（新华社北京 2019 年 3 月 11 日电）

三、加强计划管理和监督实施，着力解决督查检查考核过多过频、过度留痕的问题

抓好《中共中央办公厅关于统筹规范督查检查考核工作的通知》贯彻落实，严格控制总量，实行年度计划和审批报备制度，中央和国家机关有关部门原则上每年搞 1 次综合性督查检查考核，对县乡村和厂矿企业学校的督查检查考核事项减少 50% 以上的目标要确保执行到位。强化结果导向，考核评价一个地方和单位的工作，关键看有没有解决实际问题、群众的评价怎么样。坚决纠正机械式做法，不得随意要求基层填表报数、层层报材料，不得简单将有没有领导批示、开会发文、台账记录、工作笔记等作为工作是否落实的标准，不得以微信工作群、政务 APP 上传工作场景截图或录制视频来代替对实际工作评价。严格控制“一票否决”事项，不能动辄签“责任状”，变相向地方和基层推卸责任。对涉及城市评选评比表彰的各类创建活动进行集中清理，该撤销的撤销，该合并的合并。对巡视巡察、环保督察、脱贫攻坚督查考核、政府大督查、党建考核等，牵头部门也要倾听基层意见进行完善，提出优化改进措施。调查研究、执法检查等要轻车简从、务求实效，不干扰基层正常工作。

2. 开不完的会议

示警案例

2018 年，某市发改委班子成员共参加会议 4777 次，平均每天 13 次。一位机关干部说，当前推行的“互联网 + 政务”一定程度上

开不完的会议

节约了开会成本和时间，改用电视电话会议的方式，减少舟车劳顿，起初效果不错，但“方便”也带来了“烦恼”。为了第一时间传达会议精神、推动工作，上级的会议经常扩大参会部门范围，并点名部门主要领导参加，“现在开会跑得少了，但屁股坐得久了”。同样内容的会议反复参加两三次是经常的事。有的同一内容的会议，党委开过政府开，政府开过系统开，系统开过部门开，还有各种协调会、碰头会等。上级部门在制定考核清单时，往往把“有没有开过会”作为其中一项重要指标。干部被“开”得疲惫不堪，挤占了贯彻落实会议精神的时间。

精析点评

现实中，我们常常能见到这样的现象：大事小事都开会；不是在开会，就是在开会的路上；不少会议内容重复；等等，不一而足。就像案例中的情形，某市发改委班子成员平均每天开会13次，同样内容的会议反复参加两三次是经常的事。很多人都反感这样的现象，但是好像又无法自拔。

开会，是部署工作、解决问题的一种必要方式，尤其是一些重大会议，对于统一思想、鼓舞干劲能起到非常大的作用，但并不是谁都能把会开好。能不能开好会，对一个领导干部而言，是一门重要的学问或者说一种重要的能力。再往深一层说，它反映的是一个领导干部的思想水平和作风。现实中，有的人以为，能把短会开长，就是有水平的体现；有的人以为，层层套开会议就是落实责任的体现；有的人以为，把会开得比谁都及时，就是重视。实际上，抱有这样想法的领导干部并非不清楚大家反感开会中的形式主义、官僚主义，但他们需要用开会来“刷存在感”，需要拿开会当挡箭牌或者作秀的道具，推脱责任或者邀功是主要目的。至于是否占据广大干部大量的时间精力、贻误工作落实，就不是他们所考虑的了。

“为政贵在行，以实则治，以文则不治。”开会重在求实效，去掉不必要的形式和水分。会议质量与会议多少、讲话长短也没有直接关系，关键在于把该开的会议开好，不该开的、冗余的会议坚决精简。比如说，对于市县及以下的基层单位和部门，就应把时间和精力用在狠抓落实上，把工作直接拿到现场去布置。

此外，在信息化高度发达的今天，传统的开会方式完全有条件顺势而改，让与会人员免受为开会奔波的舟车劳顿之苦，从而腾出更多的精力用在为老百姓做实事上。2020 年 4 月 26 日下午，十三届全国人大常委会第十七次会议在北京人民大会堂举行第一次全体会议。会议采用现场出席和网络视频出席相结合的方式，常委会组成人员 123 人现场出席会议，47 人通过网络视频方式出席会议。这虽然是疫情防控背景下的因情制宜之举，但未尝不是精文减会、转变会风的有益尝试，启示我们在数字时代与时俱进，善于运用视频或者网络的方式来开会。

法条链接

《十八届中央政治局关于改进工作作风、密切联系群众的八项规定》

（2012 年 12 月 4 日）

二、要精简会议活动，切实改进会风，严格控制以中央名义召开的各类全国性会议和举行的重大活动，不开泛泛部署工作和提要求的会，未经中央批准一律不出席各类剪彩、奠基活动和庆祝会、纪念会、表彰会、博览会、研讨会及各类论坛；提高会议实效，开短会、讲短话，力戒空话、套话。

《中国共产党党组工作条例（试行）》

（2015 年 6 月 11 日）

第十四条　党组及其成员应当加强思想政治建设，坚定理想信念，严守政治纪律和政治规矩。严肃党内政治生活，按照规定召开民主生活会，开展严肃认真的批评和自我批评。严格落实中央关于改进工作作风、密切联系群众的各项规定，坚决反对形式主义、官僚主义、享乐主义和奢靡之风。切实增强践行“三严三实”要求的思想自觉和行动自觉。严格遵守党员领导干部廉洁从政有关规定，自觉接受党组织和党员群众的监督。

《关于解决形式主义突出问题为基层减负的通知》

（新华社北京 2019 年 3 月 11 日电）

二、严格控制层层发文、层层开会，着力解决文山会海反弹回潮的问题

认真贯彻落实中央八项规定及其实施细则精神，从中央层面做起，层层大幅度精简文件和会议，确保发给县级以下的文件、召开的会议减少 30%—50%。发扬“短实新”文风，坚决压缩篇幅，防止穿靴戴帽、冗长空洞，中央印发的政策性文件原则上不超过 10 页，地方和部门也要按此从严掌握。地方各级、基层单位贯彻落实中央和上级文件，可结合实际制定务实管用的举措，除有明确规定外，不再制定贯彻落实意见和实施细则。科学确定中央文件密级和印发范围，能公开的公开。少开会、开短会，开管用的会。上级会议原则上只开到下一级，经批准直接开到县级的会议，不再层层开会。严禁随意拔高会议规格、扩大会议规模，未经批准不得要求党委和政府主要负责同志以及部门一把手参会，减少陪会。提倡合并开会、套开会议，多采用电视电话、网络视频会议等形式。提高会议实效，不搞照本宣科，不搞泛泛表态，不刻意搞传达不过夜，坚决防止同一事项议而不决、反复开会。进一步改革会议公文制度，选择一些地方和单位开展治理文山会海工作试点。

3. 频繁接待检查调研

示警案例

某市环保局2018年仅大气一项接受检查就达11批次。一些检查考核指标体系中，把党政主要领导汇报作为评分标准。不少考核

频繁接待检查调研

书记、市长亲自汇报加一分。全市有300余项考核，想把这些分全拿到就没时间做事了。某县两个乡镇2017年接待上级检查调研分别达300次、280次，有些事项系不同部门重复检查。

精析点评

督查检查考核工作是保证上级决策部署贯彻落实的必要手段。毛泽东同志就曾说过："检查制度是争取苏维埃工作质量速度极其要紧的办法，只有决定，没有检查，就是官僚主义的领导。"可见，督查检查考核这一手段本身是改进党的作风、激励广大干部担当作为的重要举措。

然而，凡事过犹不及，名目繁多、频次过密、重过程轻实绩的督查检查考核，不仅没能很好地实现开展督查检查考核的初衷，反而会落入形式主义、官僚主义的窠臼，给基层组织和干部带来严重困扰，成为基层治理的现实痛点。就像本案例所展示的那样，现实中一些督查检查考核工作变形走样，已异化成为基层的负担，使得基层疲于奔命，不堪重负。

督查检查考核异化背后的深层次原因，在于基层治理能力上的短板。当前，在很多地方，督查检查考核获取信息的传统方式依然是听汇报、看材料、查台账、逛"样板"、访典型等，这也诱导了部分基层单位乐于在形式和"痕迹"上做文章，滋生出种种形式主义问题。

2018年7月、8月，习近平总书记先后两次作出重要指示，明确"现在下去督查的太多，检查考核过多过频，基层不堪重负，要统筹解决”。督查检查考核要督在关键、查在要害、考在实效，才能发挥其应有的积极作用。中办印发的《关于统筹规范督查检查考核工作的通知》，旨在通过规范名目、压缩数量，在较短时间内达成统筹整合各类督查检查考核、为基层“减负”的目的。这一举措在短期内无疑是有效的，但要从根本上对督查检查考核工作中的乱象进行有力整治，还必须在提升治理能力等方面作出更多探索，打破老一套的工作方式。比如，改进督查方式方法，完善信息共享机制，更加全面、准确、及时地掌握下级政府施政信息；科学合理设置考核评价体系，不能简单地以有无领导批示、是否召开会议和出台文件等标准来评判好坏；树立讲实绩重担当的鲜明用人导向，让担当有为者上，慵懒无为者下，营造竞相干事的良好氛围，激励基层干部自觉担当作为，使监督检查考核真正回归推动工作落实的初衷。

法条链接

《中国共产党纪律处分条例》
（2018年8月18日）

第一百二十二条 有下列行为之一，造成严重不良影响，对直接责任者和领导责任者，情节较轻的，给予警告或者严重警告处分；情节较重的，给予撤销党内职务或者留党察看处分；情节严重的，给予开除党籍处分：

（一）贯彻党中央决策部署只表态不落实的；

（二）热衷于搞舆论造势、浮在表面的；

（三）单纯以会议贯彻会议、以文件落实文件，在实际工作中不见诸行动的；

（四）工作中有其他形式主义、官僚主义行为的。

《关于解决形式主义突出问题为基层减负的通知》

（新华社北京 2019 年 3 月 11 日电）

三、加强计划管理和监督实施，着力解决督查检查考核过多过频、过度留痕的问题

抓好《中共中央办公厅关于统筹规范督查检查考核工作的通知》贯彻落实，严格控制总量，实行年度计划和审批报备制度，中央和国家机关有关部门原则上每年搞 1 次综合性督查检查考核，对县乡村和厂矿企业学校的督查检查考核事项减少 50% 以上的目标要确保执行到位。强化结果导向，考核评价一个地方和单位的工作，关键看有没有解决实际问题、群众的评价怎么样。坚决纠正机械式做法，不得随意要求基层填表报数、层层报材料，不得简单将有没有领导批示、开会发文、台账记录、工作笔记等作为工作是否落实的标准，不得以微信工作群、政务 APP 上传工作场景截图或录制视频来代替对实际工作评价。严格控制“一票否决”事项，不能动辄签“责任状”，变相向地方和基层推卸责任。对涉及城市评选评比表彰的各类创建活动进行集中清理，该撤销的撤销，该合并的合并。对巡视巡察、环保督察、脱贫攻坚督查考核、政府大督查、党建考核等，牵头部门也要倾听基层意见进行完善，提出优化改进措施。调查研究、执法检查等要轻车简从、务求实效，不干扰基层正常工作。

4. 重复填表受不了

示警案例

新冠肺炎疫情防控这场人民战争打响后，从建立健全区县、街镇、城乡社区等防护网络，到做好疫情监测、排查、预警、教育疏

重复填表受不了

导、管理服务等工作，广大基层干部在疫情防控一线付出了艰辛努力。与此同时，在艰巨繁重的疫情防控任务面前，有些地方出现了形式主义、官僚主义现象，其中最典型的是让基层干部重复填报各类表格。有的地方市县卫健局、应急局、政府办、县委办、妇联、教育局、农业农村局等部门各自制作一份或几份表格，要求基层干部填写并迅速上报，这些表格的内容相差无几，但没有一个文件、一个部门帮助基层解决急需的哪怕一个口罩、一瓶消毒水的问题，还有各种多头检查、重复检查、扎堆检查的现象，导致基层干部的时间被占用、精力被分散。

精析点评

新冠肺炎疫情防控工作是对我国国家治理体系和治理能力的一次集中考验。疫情爆发后，在党中央的坚强领导下，全国形成了全面动员、全面部署、全面加强疫情防控工作的局面，体现了中国特色社会主义制度的巨大优势。

但与此同时我们也应看到，在新冠肺炎疫情爆发初期，暴露出治理体系和治理能力方面的一些突出问题。比如，像本案例中“卫健局、应急局、政府办、县委办、妇联、教育局、农业农村局等部门各自制作一份或几份表格，要求基层干部填写并迅速上报，这些表格的内容相差无几”等多头重复填表等形式主义、官僚主义等问题再度展现出惯性力量，给身处疫情防控一线的党员干部带来了严重的困扰，不仅大大加重了基层工作的难度和强度，而且削弱了疫情防控的效果。这些现象当引起我们的反思和警惕。

多头检查、重复检查、扎堆检查等现象其实是本位主义的产物。各部门从自己的“一亩三分地”出发，各自为战，造成重复的工作量，耗费了大量的人力物力财力。同时，也反映出一些地方政府部门和干部的治理理念、治理手段的落后。伴随着大数据、云计算等信息技术的涌现，当今社会早已不是传统意义上的社会，而呈现出越来越鲜明的数字特征。人们的衣食住行已被纳入数字网络之中，地理位置、行踪轨迹等信息都能够通过终端进行记录和数据化。如果能够形成大数据集成，就可以大大减少基层干部的信息采集工作。但很多地方政府仍依赖传统手段采集数据，人工方式仍然是地方政府采集信息的主要手段，不仅效率低下，而且造成了浪费。

习近平总书记强调，“在疫情防控工作中，要坚决反对形式主义、官僚主义，让基层干部把更多精力投入到疫情防控第一线”。我们应当从更深层次解决好党员干部利益观等问题，不断强化党员干部的大局意识和全局观念。同时，各级干部要学会利用大数据等信息技术重构政府运行流程，提升政府治理体系和治理能力现代化水平。不能身体进入 21 世纪，脑袋还停留在过去。

法条链接

《关于新形势下党内政治生活的若干准则》

（2016 年 10 月 27 日中国共产党第十八届中央委员会第六次全体会议通过）

五、保持党同人民群众的血肉联系

……

全党必须坚决反对形式主义、官僚主义、享乐主义和奢靡之风，领导干部特别是高级干部要以身作则。反对形式主义，重在解决作风飘浮、工作不实，文山会海、表面文章，贪图虚名、弄虚作假等问题。反对官僚主义，重在解决脱离实际、脱离群众，消极应付、推诿扯皮，作风霸道、迷恋特权等问题。反对享乐主义，重在解决追名逐利、贪图享受，讲究排场、玩物丧志等问题。反对奢靡之风，重在解决铺张浪费、挥霍无度，骄奢淫逸、腐化堕落等问题。坚持抓常、抓细、抓长，特别是要防范和查处各种隐性、变异的“四风”问题，把落实中央八项规定精神常态化、长效化。

……

《关于统筹规范督查检查考核工作的通知》

（新华社北京 2018 年 10 月 9 日电）

三、注重工作实绩，改进方式方法

要完善考核评价体系，突出党中央决策部署的贯彻执行情况，科学合理设置指标，视内容区分发达与欠发达地区、城市与乡村、地方与部门、机关与企事业单位等，体现差异化要求，避免“一刀切”、“一锅煮”。改进督查检查考核办法，必要的记录、台账要看，但主要看工作实绩，不能一味要求基层填表格报材料，不能简单以留痕多少评判工作好坏，不能工作刚安排就督查检查、刚部署就进行考核，不搞花拳绣腿，不要繁文缛节，不做表面文章。坚持走群众路线，加强常态化了解，多到现场看，多见具体事，多听群众说，更多关注改革发展、政策落地情况和群众获得感满意度。督查检查要突出问题导向，既着重发现落实中存在的问题，又及时了解有关政策需要完善的地方。对督查检查考核中发现的问题，要以适当方式进行反馈，加强督促整改，不能简单以问责代替整改，也不能简单搞终身问责。创新督查检查考核方式，充分运用信息化手段，实现信息资源共享，优化第三方评估，提高督查检查考核的质量和效率。

《中央纪委办公厅印发工作意见　集中整治形式主义官僚主义重点整治四个方面 12 类突出问题》（新闻稿）

（2018 年 9 月 25 日）

在学风会风文风及检查调研方面，重点整治频次过多过滥、浮于表面等突出问题。比如，学风漂浮，理论脱离实际，只为应付场面、应景交差，不尚实干、不求实效；开会不研究真实情况、不解决实际问题，为开会而开会；检查考核过多过滥，多部门重复考核同一事项，考核内容不务实，频次多、表格多、材料多，给基层造成严重负担；调查研究搞形式、走过场、不深入，打造“经典调研线路”，搞走秀式调研，搞层层陪同、超人数陪同。

5. 基层负担应减未减

示警案例

某州卫健委对为基层减负政策不重视、不研究，未建立文件签批、审核、流转制度，精简文件、压减督查检查等工作流于形式。

基层负担应减未减

2020年1月至6月，某州卫健委下发文件604件，其中428件未经办公室审核把关，由各业务科室以白头或便函形式通过QQ群自行传输下发，大量文件内容上下一般粗，质量不高；以调研指导名义开展督导检查37次，其中个别科室一个月内就开展检查考核5次。基层负担应减未减，造成了不良影响。

精析点评

为基层减负，已经成为全党、全社会的共识。

2020年年末，一份名为《关于持续解决形式主义问题深化拓展基层减负工作情况的报告》，摆在了出席中央政治局民主生活会同志的案头。这是继2019年之后，中央政治局再次在民主生活会上审议有关基层减负工作情况的报告。透过这样一个细节，我们看到了以习近平同志为核心的党中央对基层减负工作的高度重视，看到了党中央把基层减负作为作风建设的一个聚焦点的鲜明指向。

再从社会层面看，基层减负是人心所向。“上面千条线，下面一根针”，很多形式主义问题，占用基层干部大量时间、耗费大量精力。文山会海、名目繁多的监督检查、过度留痕检查……有的部门热衷刷存在感，基层早已无所适从、苦不堪言。

为此，党中央出台了一系列力戒形式主义、官僚主义的重要举措持续为基层干部松绑减负。然而，形式主义、官僚主义之弊非一日之寒，从根子上减轻基层负担也非一日之功。

本案就是一个鲜明的反面例证。从数量上看，下发文件604件，可见文件之多；从时间上看，发生在2020年1月至6月间，可见思想之麻木；从质效上看，604件文件中，有一多半未经办公室审核把关，可见工作之随意。再加上以调研指导名义开展督导检查37次，窥一斑而知全豹，该部门在中央三令五申为基层减负的要求之下，仍然无动于衷、漠然视之，足见形式主义、官僚主义在某些领导头脑中的惯性有多么大、根基有多么深。正应了网络上流行的那句话，“你永远都无法叫醒一个装睡的人”。

“定了规矩就要照着办”。以形式主义反对形式主义，以官僚主义反对官僚主义，只会助长形式主义、官僚主义滋生蔓延。对于那些无法叫醒的装睡者，最管用的办法是运用制度威力纠治形式主义、官僚主义，起到震慑和警醒的作用。

给基层减负是为了让基层党员干部从纷繁芜杂、没必要的琐事中解脱出来，从而将更多的时间和精力投入到为群众服务的工作中去。党的十九届五中全会审议通过的“十四五”规划建议明确提出，“持续纠治形式主义、官僚主义，切实为基层减负”。十九届中央纪委五次全会公报也提出，深化整治形式主义、官僚主义顽瘴痼疾，让求真务实、清正廉洁的新风正气不断充盈。在开启全面建设社会主义现代化的新征程上，基层干部责任更重、压力更大，必须继续守住精文减会的硬杠杠，真正解决为基层减负部署流于形式、增加基层负担问题，让基层干部有实实在在的获得感。

法条链接

《关于统筹规范督查检查考核工作的通知》

（新华社北京 2018 年 10 月 9 日电）

二、严格控制总量，实行计划管理

规范督查检查考核工作，必须从源头抓起，从上级机关做起。除党中央、国务院统一部署和依法依规开展的督查检查考核外，中央和国家机关各部门不得自行设置以地方党委和政府为对象的督查检查考核项目，不得在部门文件中自行规定全国性督查检查考核事项，确需开展的要一事一报。要严格控制总量和频次，中央和国家机关各部门原则上每年搞 1 次综合性督查检查考核，同类事项可合并进行，涉及多部门的联合组团下去，防止重复扎堆、层层加码，不能兴师动众，动辄对着县乡村和厂矿企业学校，影响地方和基层的正常工作。部门督查检查考核不能打着中央的旗号，日常调研指导工作不能随意冠以督查、检查、巡查、督察、督导等名义。

实行年度计划和审批报备制度。中央和国家机关各部门拟开展的涉及地方党委和政府以及本系统全国性的业务督查检查考核事项，要按照归口管理原则，年初分别报中央办公厅、国务院办公厅研究审核，由中央办公厅统一报党中央审批，以年度计划的形式印发执行。对紧急突发事项的督查检查，可以按程序报批后实施。省区市开展的全省性督查检查考核也要制定年度计划，报中央办公厅备案。

《关于解决形式主义突出问题为基层减负的通知》（新华社北京 2019 年 3 月 11 日电）

二、严格控制层层发文、层层开会，着力解决文山会海反弹回潮的问题

……地方各级、基层单位贯彻落实中央和上级文件，可结合实际制定务实管用的举措，除有明确规定外，不再制定贯彻落实意见和实施细则。科学确定中央文件密级和印发范围，能公开的公开。少开会、开短会，开管用的会。上级会议原则上只开到下一级，经批准直接开到县级的会议，不再层层开会……

三、加强计划管理和监督实施，着力解决督查检查考核过多过频、过度留痕的问题

抓好《中共中央办公厅关于统筹规范督查检查考核工作的通知》贯彻落实，严格控制总量，实行年度计划和审批报备制度，中央和国家机关有关部门原则上每年搞 1 次综合性督查检查考核，对县乡村和厂矿企业学校的督查检查考核事项减少 50% 以上的目标要确保执行到位。强化结果导向，考核评价一个地方和单位的工作，关键看有没有解决实际问题、群众的评价怎么样……

《关于持续解决困扰基层的形式主义问题　为决胜全面建成小康社会提供坚强作风保证的通知》（新华社北京 2020 年 4 月 14 日电）

三、切实防止文山会海反弹回潮。中央层面继续发挥示范带动作用，守住精文减会的硬杠杠，对各地区各部门发文开会情况实施动态监测，对出现超发超开苗头的及时预警，确保比2019年只减不增。加强对疫情防控、复工复产工作中发文开会的统筹管理，避免多头发文、层层开会。既要严格控制向县级以下发文的数量，又要精减基层向上级报文报表的数量。着力提高文件、会议质量，进一步明确精文减会的标准和尺度，完善负面清单，不发不切实际、内容空洞的文件，不开应景造势、不解决问题的会议，做到真减负、减真负。防止用形式主义做法解决形式主义问题，对在发文开会方面改头换面、明减实不减的，及时督促纠正。

《中央纪委办公厅印发工作意见　集中整治形式主义官僚主义重点整治四个方面12类突出问题（新闻稿）》

（2018年9月25日）

在学风会风文风及检查调研方面，重点整治频次过多过滥、浮于表面等突出问题。比如，学风漂浮，理论脱离实际，只为应付场面、应景交差，不尚实干、不求实效；开会不研究真实情况、不解决实际问题，为开会而开会；检查考核过多过滥，多部门重复考核同一事项，考核内容不务实，频次多、表格多、材料多，给基层造成严重负担；调查研究搞形式、走过场、不深入，打造“经典调研线路”，搞走秀式调研，搞层层陪同、超人数陪同。

五

违规收送名贵特产和礼品礼金

1. 禁止收受礼品礼金

示警案例

某市政府参事室原参事丁某违规收受礼品、礼金问题。2001 年至 2018 年，丁某在任某县县委书记、原市文物园林局局长、原市国

禁止收受礼品礼金

土局局长等职务期间，借春节、中秋节等节日，家人过生日、结婚之机，多次收受管理和服务对象礼金、购物卡及手机、高档皮衣、烟酒、土特产、纪念品等，价值共计714.336万元。丁某还存在其他严重违纪违法问题。2019年6月，丁某受到开除党籍、开除公职处分，违纪所得被收缴；涉嫌犯罪问题移送司法机关依法处理。

精析点评

中国自古以来讲究礼尚往来，亲朋好友之间逢年过节赠送礼物是文明礼仪的基本组成部分，无可厚非。因为这是亲友之间以感情交流为基础的财物赠予，与接受财物方的职务身份无关。但礼尚往来若是发生在特定领域，掺和了权力，就会变了味。本案中的丁某正是这样的一个典型例证。

“天下没有免费的午餐”，这是普通老百姓都懂得的道理，收礼者、送礼者本人更是心知肚明。假如丁某没有手握要权，那些送礼的人还会趋之若鹜吗？答案很简单，他们看中的不是丁某本人，而是他手中的权力。如有的企业老板所说，“送礼并不是直接有所求，而是旨在培养关系，维系情感，在将来某个‘关键’时刻发挥作用”，一语道破送礼的玄机——“礼”在当下，“利”在日后。“吃人家的嘴短，拿人家的手软”，人是讲感情的，收礼者焉能不投桃报李？问题的要害在于，这个“投桃报李”很可能是以牺牲职务的廉洁性和社会的公平正义为代价的。

收受礼品礼金处于腐败与人情的“暧昧”地带。一些腐败分子和行贿者拿“人情往来”说事，背后其实暗藏玄机。说穿了，披上人情往来的魅惑外衣，就是便于私相授受、权钱交易。送礼者似乎理直气壮，收礼者也更加冠冕堂皇。“轻者重之端，小者大之源，故堤溃蚁孔，气泄针芒”，大量违纪违法案例也印证，很多领导干部腐化堕落都是从逢年过节收受礼品礼金开始，在违纪违法的道路上越走越远。从开始的拒绝到半推半就，从不好意思到理所应当，有的甚至到后来觉得不给点“意思”，心里反而不痛快，反映的正是心理逐渐失衡、扭曲的过程。党的十八大以来，我们党把“违规收受礼品礼金”作为纠治“四风”的一个重要方面，其用意就是要守住最初的防线。在这里，“礼金、购物卡及手机、高档皮衣、烟酒、土特产、纪念品”只是一个象征符号，代表着那些容易滑倒的地方。只有在不良作风露出苗头时就堵住“蚁穴”，才能防止“溃堤”。

法条链接

《中国共产党纪律处分条例》
（2018年8月18日）

第八十八条 收受可能影响公正执行公务的礼品、礼金、消费卡和有价证券、股权、其他金融产品等财物，情节较轻的，给予警告或者严重警告处分；情节较重的，给予撤销党内职务或者留党察看处分；情节严重的，给予开除党籍处分。

收受其他明显超出正常礼尚往来的财物的，依照前款规定处理。

第八十九条 向从事公务的人员及其配偶、子女及其配偶等亲属和其他特定关系人赠送明显超出正常礼尚往来的礼品、礼金、消费卡和有价证券、股权、其他金融产品等财物，情节较重的，给予警告或者严重警告处分；情节严重的，给予撤销党内职务或者留党察看处分。

第一百零三条 违反有关规定组织、参加用公款支付的宴请、高消费娱乐、健身活动，或者用公款购买赠送或者发放礼品、消费卡（券）等，对直接责任者和领导责任者，情节较轻的，给予警告或者严重警告处分；情节较重的，给予撤销党内职务或者留党察看处分；情节严重的，给予开除党籍处分。

《国务院办公厅关于严禁滥发钱物和赠送礼品的通知》
（1988年9月22日）

三、严禁中央各部门、各单位索要或无偿接受地方和下属单位的工业品、农副土特产品，严禁地方和部门的下属单位用公款向上级机关（或个人）馈赠土特产品、工业品和其他礼品。

《关于持之以恒正风肃纪确保2019年元旦春节风清气正的通知》
（2018年12月25日）

二、突出工作重点，严格执纪执法。各级纪检监察机关要把监督挺在前面，拓宽监督渠道，强化监督合力，联合公安、财政、税务等职能部门，通过专项检查、随机抽查、突击检查、交叉互查等方式，及时发现并纠正《通知》所列公款吃喝、收送礼品礼金、大办婚丧喜庆、滥发津贴补贴奖金等问题。对节日期间“四风”问题线索，一律严查快办，典型案例一律通报曝光，以“零容忍”态度巩固作风建设成果。强化精准思维，注意方式方法，防止随意执纪、方法欠妥、层层加码、跑调走偏等情况。

《关于加强监督执纪问责 确保务实节俭过节的通知》

（2014 年 12 月 23 日）

对中央三令五申禁止的领导干部公款吃喝、公款旅游、公款送礼、公车私用、收受礼金、出入私人会所、借婚丧喜庆敛财、在培训中心搞奢靡享乐等问题，发现一起坚决查处一起。要特别强调，在追究直接责任人责任的同时，对党委（党组）履行主体责任不力，以致管辖范围发生严重违规违纪行为，造成恶劣影响，或者对严重违规违纪行为压制不查、袒护包庇甚至干预案件查处工作的，要严肃追究其主体责任；对纪委（纪检组）协助党委（党组）监督工作不力，致使管辖范围发生严重违规违纪行为，造成恶劣影响，或者监督检查不严，发现问题隐瞒不报、拖延不查、追责不到位的，要严肃追究其监督责任。对典型问题要点名道姓通报曝光，形成有力震慑。要畅通监督渠道，公开举报信息，充分发挥群众和媒体监督作用。打铁还需自身硬。

《关于对党和国家机关工作人员在国内交往中收受的礼品实行登记制度的规定》

（1995 年 4 月 30 日）

第二条 党和国家机关工作人员在国内交往中，不得收受可能影响公正执行公务的礼品馈赠，因各种原因未能拒收的礼品，必须登记上交。

党和国家机关工作人员在国内交往（不含亲友之间的交往）中收受的其他礼品，除价值不大的以外，均须登记。

第三条 按照第二条的规定须登记的礼品，自收受礼品之日起（在外地接受礼品的，自回本单位之日起）一个月内由本人如实填写礼品登记表，并将登记表交所在机关指定的受理登记的部门。受理登记的部门可将礼品的登记情况在本机关内公布。

登记的礼品按规定应上交的，与礼品登记表一并上交所在机关指定的受理登记的部门。

第四条 对于收受后应登记、上交的礼品在规定期限内不登记或不如实登记、不上交的，由所在党组织、行政部门或纪检监察机关责令其登记、上交，并给予批评教育或者党纪政纪处分。

2. 名贵特产收不得

示警案例

案例一：某县人民政府党组成员、副县长张某违规收受名贵特产问题。2014 年春节至 2018 年中秋节，张某任县人民政府副县长期

名贵特产收不得

间，多次收受十多名管理服务对象赠送的32瓶茅台酒、16条高档香烟等名贵特产，其中4瓶是年份茅台酒（15年）。张某受到党内严重警告、政务记大过处分。

案例二：2013年至2018年，某县科学技术和工业信息化局副局长袁某利用职务便利，多次违规收受管理服务对象赠送的云烟软礼印象香烟9条、大重九香烟2条、云烟印象香烟1条、干红葡萄酒1箱6瓶，价值合计1.25万元。袁某还存在其他违纪问题。2019年11月，袁某受到党内严重警告处分，违纪所得予以收缴。

精析点评

党的十八大以来，全党坚决贯彻中央八项规定精神，各种不正之风和腐败问题得到有效遏制。然而，作风问题具有顽固性、反复性，短时间内无法根除积弊，一些地方、部门领导干部变着法子顶风违纪，利用名贵特产、特殊资源谋取私利问题就是典型之一。

名贵特产、特殊资源本是一个地方的经济明珠和特殊名片，但在一些别有用心的人眼里，这是利益输送的绝佳载体。原因大致有三：第一，名贵特产、特殊资源具有“硬通货”的特质。无论是高档烟酒、珍稀药材、天价茶叶，还是名贵木材、珠宝玉石、名瓷名画，都不是一般意义的“土特产”，价值不菲，既可消费，也能变现。第二，“土特产”相比“真金白银”具有一定的隐蔽性。俗话说“烟铺路酒搭桥”，以名贵特产、特殊资源作为人际交往的媒介，更容易让人接受。第三，名贵特产、特殊资源，因为“贵”和“特”，让人产生一种满足感。正因为如此，在很多案例中，以高档酒、天价烟为代表的名贵特产特殊资源屡屡出现。从“玉不离手”的安徽省原副省长倪发科，到“以兰会友”的贵州原副省长王晓光，无不是因把名贵特产当作心头好，最终成为被人“拉下水”的突破口。本案例一中的张某、案例二中的袁某也是如此。

利用名贵特产、特殊资源谋取私利的坏处，不仅仅是违反了廉洁纪律，更重要的是因其背后的权力寻租、利益输送等问题，更会导致政治攀附，败坏政治生态。鉴于此，2018年11月，中央纪委国家监委印发《关于贯彻落实习近平总书记重要讲话精神严肃整治领导干部利用名贵特产类特殊资源谋取私利问题的通知》，强调要严肃整治领导干部利用名贵特产类特殊资源谋取私利问题。十九届中央纪委三次全会对坚持问题导向解决党风问题、整治领导干部插手特殊资源作出专门部署。2019年下半年，按照党中央关于在“不忘初心、牢记使命”主题教育中开展专项整治的要求，中央纪委国家监委机关牵头，各级党委（党组）切实担负起主体责任，各级纪检监察机关认真履行监督责任，在主题教育中专项整治党政领导干部、国企管理人员利用名贵特产、特殊资源谋取私利问题。中央纪委国家监委党风政风监督室在深入总结中央八项规定精神实施7年多来取得的成绩基础上，针对“四风”问题的新情况新表现，调整优化违反中央八项规定精神问题统计指标体系，将原统计项“违规收送礼品礼金”修改为“违规收送名贵特产和礼品礼金”，并细化为“违规收送名贵特产类礼品”和“违规收送礼金和其他礼品”，也说明了对违规收送名贵特产类礼品问题的重视，对于我们深刻把握新时代作风建设的新要求，推动纠治“四风”工作高质量发展具有重要指导作用。

我们要清醒看到，“四风”反弹回潮隐患仍然存在，滋生土壤还未彻底铲除。必须持续保持高压态势，坚持实事求是，依规依纪依法加强监督检查，发现一起查处一起，深挖彻查典型问题。同时，坚持标本兼治，针对存在问题完善制度规定，堵塞监管漏洞，规范生产经营秩序，推动审批监管、资源开发、公共资源交易等重点领域监督机制改革和制度建设。最后，要做好审查调查“后半篇文章”，积极开展警示教育，强化查处一案、警示一片、规范一方的治本作用，引导党员干部、社会公众正确看待名贵特产类特殊资源，纠正不当消费观和违规送礼陋习，推动党风政风社风不断向好。

法条链接

《中国共产党纪律处分条例》
（2018年8月18日）

第八十八条 收受可能影响公正执行公务的礼品、礼金、消费卡和有价证券、股权、其他金融产品等财物，情节较轻的，给予警告或者严重警告处分；情节较重的，给予撤销党内职务或者留党察看处分；情节严重的，给予开除党籍处分。

收受其他明显超出正常礼尚往来的财物的，依照前款规定处理。

第八十九条 向从事公务的人员及其配偶、子女及其配偶等亲属和其他特定关系人赠送明显超出正常礼尚往来的礼品、礼金、消费卡和有价证券、股权、其他金融产品等财物，情节较重的，给予警告或者严重警告处分；情节严重的，给予撤销党内职务或者留党察看处分。

第一百零三条 违反有关规定组织、参加用公款支付的宴请、高消费娱乐、健身活动，或者用公款购买赠送或者发放礼品、消费卡（券）等，对直接责任者和领导责任者，情节较轻的，给予警告或者严重警告处分；情节较重的，给予撤销党内职务或者留党察看处分；情节严重的，给予开除党籍处分。

《国务院办公厅关于严禁滥发钱物和赠送礼品的通知》

（1988 年 9 月 22 日）

三、严禁中央各部门、各单位索要或无偿接受地方和下属单位的工业品、农副土特产品，严禁地方和部门的下属单位用公款向上级机关（或个人）馈赠土特产品、工业品和其他礼品。

《关于持之以恒正风肃纪确保 2019 年元旦春节风清气正的通知》

（2018 年 12 月 25 日）

二、突出工作重点，严格执纪执法。各级纪检监察机关要把监督挺在前面，拓宽监督渠道，强化监督合力，联合公安、财政、税务等职能部门，通过专项检查、随机抽查、突击检查、交叉互查等方式，及时发现并纠正《通知》所列公款吃喝、收送礼品礼金、大办婚丧喜庆、滥发津贴补贴奖金等问题。对节日期间“四风”问题线索，一律严查快办，典型案例一律通报曝光，以“零容忍”态度巩固作风建设成果。强化精准思维，注意方式方法，防止随意执纪、方法欠妥、层层加码、跑调走偏等情况。

《国家行政机关及其工作人员在国内公务活动中不得赠送和接受礼品的规定》（1988年12月1日）

第二条 国家行政机关及其工作人员在国内公务活动中，不得赠送和接受礼品。

第三条 国家行政机关及其工作人员不得假借名义或者以变相形式赠送和接受礼品：

（一）以鉴定会、评比会、业务会、订货会、展销会、招待会、茶话会、新闻发布会、座谈会、研讨会以及其他会议的形式；

（二）以祝贺春节、元旦、国庆节、中秋节和其他节假日的名义；

（三）以试用、借用、品尝、鉴定的名义；

（四）以祝寿、生日、婚丧嫁娶的名义；

（五）以其他形式和名义。

3. 有些“奖券”兑换不得

示警案例

案例一：2019 年春节前，某管委会基建办副主任林某等 18 名党员干部应某房地产公司邀请，参加其举办的新春联欢晚会。晚宴期

有些“奖券”兑换不得

间，林某等 7 名管委会干部和 10 名村干部凭现场领取的兑奖券，分别兑换现金“红包”2000 元至 5000 元不等。2019 年 5 月，林某和其他 16 名干部分别受到党内严重警告处分、党内警告处分和通报批评处理。违纪款被收缴。

案例二：2015 年 11 月至 2017 年 10 月，某区人民法院党组成员、副院长、审判委员会委员陈某多次接受案件当事人宴请（可能影响执行公务），并收受价值 5000 元的购物卡。2018 年 11 月，市中级人民法院党组就上述问题对陈某进行函询时，陈某未如实说明情况。2019 年 10 月，陈某受到党内严重警告处分，违纪所得予以收缴。

精析点评

“奖券”能不能兑换？购物卡能不能收？可能有些党员干部对“收礼”与“送礼”还存在种种认识上的误区，以为自己收的不是真金白银就够不上违纪违法。事实上，收送兑奖券、购物卡与收受礼品礼金的定性是一样的。《中国共产党纪律处分条例》第八十九条规定：向从事公务的人员及其配偶、子女及其配偶等亲属和其他特定关系人赠送明显超出正常礼尚往来的礼品、礼金、消费卡和有价证券、股权、其他金融产品等财物，情节较重的，给予警告或者严重警告处分；情节严重的，给予撤销党内职务或者留党察看处分。从法规行文看，“礼品”“礼金”“消费卡”“有价证券”“股权”“其他金融产品”是并列关系，这意味着收受上述任何一样财物在性质上都是一样的。而像案例中以“兑奖券”、购物卡为名头，其实都是“挂羊头卖狗肉”。形式上“抖个机灵”“耍个小动作”，为的是达到不容易引起组织关注的目的，但本质上都是一种违规送礼行为，暗藏着利益交换。

“君子爱财，取之有道。”党员领导干部要认清公权与私情的分界线，自觉抵制各种形式的违规收送礼品礼金。任何可能影响公正执行公务的礼品、礼金、消费卡和有价证券、股权、其他金融产品等财物，即便数额再少、再小也不能收。从被处理干部事后的反思、忏悔录来看，无论收受礼品礼金之前抱着什么样的心态，事后没有不后悔的。为了一点点的蝇头小利，从小的方面说，是毁了自己的政治前途，真不值当。从大的方面说，是败坏了党的形象，带坏了社会风气。孰轻孰重，党员干部心中应该有一杆秤。

法条链接

《中国共产党纪律处分条例》

（2018年8月18日）

第八十八条 收受可能影响公正执行公务的礼品、礼金、消费卡和有价证券、股权、其他金融产品等财物，情节较轻的，给予警告或者严重警告处分；情节较重的，给予撤销党内职务或者留党察看处分；情节严重的，给予开除党籍处分。

收受其他明显超出正常礼尚往来的财物的，依照前款规定处理。

第八十九条 向从事公务的人员及其配偶、子女及其配偶等亲属和其他特定关系人赠送明显超出正常礼尚往来的礼品、礼金、消费卡和有价证券、股权、其他金融产品等财物，情节较重的，给予警告或者严重警告处分；情节严重的，给予撤销党内职务或者留党察看处分。

第一百零三条 违反有关规定组织、参加用公款支付的宴请、高消费娱乐、健身活动，或者用公款购买赠送或者发放礼品、消费卡（券）等，对直接责任者和领导责任者，情节较轻的，给予警告或者严重警告处分；情节较重的，给予撤销党内职务或者留党察看处分；情节严重的，给予开除党籍处分。

《关于做好 2015 年元旦春节期间有关工作的通知》
（2014 年 12 月 20 日）

六、严格执行廉洁从政各项规定，坚决杜绝“节日腐败”。各级领导干部要持续深入反对“四风”，严禁用公款搞相互走访、送礼、宴请等拜年活动，严禁用公款吃喝、旅游和参与高消费娱乐健身活动，严禁出入私人会所、借培训中心奢侈浪费，严禁用公款购买赠送贺年卡及烟花爆竹等年货节礼，严禁用公款接待走亲访友、外出旅游等非公务活动，严禁利用婚丧喜庆敛财，严禁违规收受礼品、礼金和各种有价证券、支付凭证、商业预付卡、电子红包，严禁参与各种形式的赌博活动，严禁公车私用，严禁将相关费用转嫁给国有企业、民营企业。各级纪检监察机关要加大惩戒问责力度，对违规违纪行为严查快处，在追究直接责任人责任的同时，严肃追究相关领导的主体责任和监督责任，问题典型、突出的点名道姓通报曝光。

《关于制止豪华铺张、提倡节俭办晚会的通知》（2013年8月13日）

四、加强对文艺晚会的监督检查。各地各部门要从建设社会主义先进文化的高度，坚持社会效益与经济效益相统一的原则，把好文艺晚会和节庆演出的立项关、内容关、监管关，切实担负起管理责任。要加强资金管理，制定规范的文艺晚会和节庆演出支出标准，严格晚会经费预算，压缩不必要的开支。不得借举办晚会之机发放礼品、贵重纪念品，防止利用晚会为单位和个人谋取私利。要加大财务监督力度，严格落实审计制度，依法对文艺晚会和节庆演出进行审计。对违反本通知规定、耗资巨大、奢华浪费的，要严肃查处。

《国家行政机关及其工作人员在国内公务活动中不得赠送和接受礼品的规定》（1988年12月1日）

第二条 国家行政机关及其工作人员在国内公务活动中，不得赠送和接受礼品。

第三条 国家行政机关及其工作人员不得假借名义或者以变相

形式赠送和接受礼品：

（一）以鉴定会、评比会、业务会、订货会、展销会、招待会、茶话会、新闻发布会、座谈会、研讨会以及其他会议的形式；

（二）以祝贺春节、元旦、国庆节、中秋节和其他节假日的名义；

（三）以试用、借用、品尝、鉴定的名义；

（四）以祝寿、生日、婚丧嫁娶的名义；

（五）以其他形式和名义。

4. 节日送礼收礼

示警案例

2006 年至 2017 年，王某任 A 区区委组织部部长、B 县县委副书记、县长等职务期间，借春节、中秋等节日，借机敛财，收受红包

节日送礼收礼

礼金共计400多万元；收受某企业项目负责人赠送的5盒价值3640元的虫草胶囊。王某还存在其他严重违纪违法问题。2019年9月，王某受到开除党籍、开除公职处分，违纪所得被收缴；涉嫌犯罪问题移送司法机关依法处理。

精析点评

"廉不廉，看过节。"节点，亦是"考点"。从各地纪委监委通报的案例看，节日是送礼收礼等"四风"问题易发多发期，像上述案例一样，很多违规收受礼品礼金问题均是发生在元旦、春节、中秋节等节日期间。

一个节点一个节点坚守，是党的十八大以来加强作风建设的一条重要经验。党的十八大以来，随着一个个节点变成作风建设的"加油站"，"节日病"得到有效治理，节日风气得到有效净化。然而，仍然有一些党员干部不收敛不收手，"过年收礼"那一套思维和行为惯性仍然很大，有的甚至觉着没点"意思"就少了节日味。这背后反映出，有的党员干部贯彻落实中央八项规定精神的思想自觉和行为习惯尚未完全形成，特别是逢年过节时，愿意为自己找一些借口，滋生侥幸心理，放松自我要求。

越是节假日等重要节点，纠"四风"越是一刻都不能放松。领导干部把好节日人情关，既是对党规法纪的严格遵守，也是对自身的一种保护。越是节日期间，广大领导干部越要提高警惕，牢记"莫伸手、伸手必被捉"的教诲，时刻绷紧廉洁自律这根弦，抛开私心杂念，不为人情所困，不为利益所扰。

法条链接

《中国共产党纪律处分条例》

（2018 年 8 月 18 日）

第八十八条 收受可能影响公正执行公务的礼品、礼金、消费卡和有价证券、股权、其他金融产品等财物，情节较轻的，给予警告或者严重警告处分；情节较重的，给予撤销党内职务或者留党察看处分；情节严重的，给予开除党籍处分。

收受其他明显超出正常礼尚往来的财物的，依照前款规定处理。

第八十九条 向从事公务的人员及其配偶、子女及其配偶等亲属和其他特定关系人赠送明显超出正常礼尚往来的礼品、礼金、消费卡和有价证券、股权、其他金融产品等财物，情节较重的，给予警告或者严重警告处分；情节严重的，给予撤销党内职务或者留党察看处分。

第一百零三条 违反有关规定组织、参加用公款支付的宴请、高消费娱乐、健身活动，或者用公款购买赠送或者发放礼品、消费卡（券）等，对直接责任者和领导责任者，情节较轻的，给予警告或者严重警告处分；情节较重的，给予撤销党内职务或者留党察看处分；情节严重的，给予开除党籍处分。

《关于对党和国家机关工作人员在国内交往中收受的礼品实行登记制度的规定》

（1995年4月30日）

第二条　党和国家机关工作人员在国内交往中，不得收受可能影响公正执行公务的礼品馈赠，因各种原因未能拒收的礼品，必须登记上交。

党和国家机关工作人员在国内交往（不含亲友之间的交往）中收受的其他礼品，除价值不大的以外，均须登记。

第三条　按照第二条的规定须登记的礼品，自收受礼品之日起（在外地接受礼品的，自回本单位之日起）一个月内由本人如实填写礼品登记表，并将登记表交所在机关指定的受理登记的部门。受理登记的部门可将礼品的登记情况在本机关内公布。

登记的礼品按规定应上交的，与礼品登记表一并上交所在机关指定的受理登记的部门。

第四条　对于收受后应登记、上交的礼品在规定期限内不登记或不如实登记、不上交的，由所在党组织、行政部门或纪检监察机关责令其登记、上交，并给予批评教育或者党纪政纪处分。

5. 切记莫收礼

示警案例

某市市建筑工程质量检测中心刘某违规收受礼金。刘某在 2017 年、2018 年、2019 年春节前，收受多家建筑公司以拜年名义所送钱

切记莫收礼

款共计2.6万元，收受某建筑材料公司业务人员以拜年名义所送10瓶茅台酒提货卡。2019年4月至2020年6月，刘某先后在春节和项目招投标期间，违规接受有业务关联的企业安排的宴请17次；多次违规收受相关企业所送的现金1万元，以及多种名贵香烟、白酒等礼品。刘某受到党纪政务处分。

精析点评

从全国各地纪检监察机关通报的有关违反中央八项规定精神典型问题来看，涉及“管理服务对象”的都是比较突出的。有的接受管理服务对象安排的旅游活动，有的收受红包礼金，有的借用管理服务对象的车辆，不一而足。

透过现象看本质。无论是收受以拜年为名义的钱款、茅台酒提货卡，还是接受宴请、收受名贵香烟等礼品，名目繁多、花样百出的背后，都改变不了刘某与这些建筑公司之间管理者与被管理者的关系。企业甘于为刘某送上礼金，是因为他手中的建筑工程质量检测权力。俗话说，“拿人家的手短，吃人家的嘴短”。谋取的私利是拿公共权力来交换的，结果必然是影响公正履职，“管理服务对象”就会变为“服务管理对象”。

构建亲清新型政商关系，“亲清”二字就要求党员干部对于自己的管理和服务对象，既要保证高质量的服务态度，又要同其保持距离，这个距离便是“君子之交淡如水”。根据《中国共产党纪律处分条例》的规定，和管理对象发生的这些行为都可能构成违纪：收受可能影响公正执行公务的礼品、礼金、消费卡等财物；借用管理和服务对象的钱款、住房、车辆等，影响公正执行公务且情节较重、情节严重；利用职权或者职务上的影响，操办婚丧喜庆事宜借机敛财；接受、提供可能影响公正执行公务的宴请或者旅游、健身、娱乐等活动安排且情节较重、情节严重；借用管理和服务对象的钱款、住房、车辆等，影响公正执行公务，且情节较重、情节严重，等等。这些规定都是强化营造政府清廉、干部清正的重要纪律保障。

广大党员干部特别是领导干部，要牢记“君子爱财，取之有道”的古训，在同管理服务对象打交道时守住底线、公私分明，保持“亲清”的“安全距离”。同时相关部门要加大监督查处力度，综合运用各种监督，确保监督无死角无缝隙，让权力在阳光下运行，对违规违纪违法者，要依规依纪依法严肃处理。

法条链接

《中国共产党纪律处分条例》
（2018年8月18日）

第八十八条 收受可能影响公正执行公务的礼品、礼金、消费卡和有价证券、股权、其他金融产品等财物，情节较轻的，给予警告或者严重警告处分；情节较重的，给予撤销党内职务或者留党察看处分；情节严重的，给予开除党籍处分。

收受其他明显超出正常礼尚往来的财物的，依照前款规定处理。

第八十九条 向从事公务的人员及其配偶、子女及其配偶等亲属和其他特定关系人赠送明显超出正常礼尚往来的礼品、礼金、消费卡和有价证券、股权、其他金融产品等财物，情节较重的，给予警告或者严重警告处分；情节严重的，给予撤销党内职务或者留党察看处分。

第一百零三条 违反有关规定组织、参加用公款支付的宴请、高消费娱乐、健身活动，或者用公款购买赠送或者发放礼品、消费卡（券）等，对直接责任者和领导责任者，情节较轻的，给予警告或者严重警告处分；情节较重的，给予撤销党内职务或者留党察看处分；情节严重的，给予开除党籍处分。

《国家行政机关及其工作人员在国内公务活动中不得赠送和接受礼品的规定》

（1988年12月1日）

第二条 国家行政机关及其工作人员在国内公务活动中，不得赠送和接受礼品。

第三条 国家行政机关及其工作人员不得假借名义或者以变相形式赠送和接受礼品：

（一）以鉴定会、评比会、业务会、订货会、展销会、招待会、茶话会、新闻发布会、座谈会、研讨会以及其他会议的形式；

（二）以祝贺春节、元旦、国庆节、中秋节和其他节假日的名义；

（三）以试用、借用、品尝、鉴定的名义；

（四）以祝寿、生日、婚丧嫁娶的名义；

（五）以其他形式和名义。

第六条 国家行政机关工作人员，违反本规定第二、三条的规定，接受礼品的，根据数额多少，情节轻重，分别给予警告、记过、记大过、降级直至撤职处分。

《关于严禁党政机关及其工作人员在公务活动中接受和赠送礼金、有价证券的通知》

（中共中央办公厅、国务院办公厅 1993 年 4 月 27 日印发）

一、各级党政机关及其工作人员（包括离休、退休干部和受党政机关委托、聘任从事公务的人员），特别是领导机关和领导干部，在公务活动包括礼仪庆典、新闻发布会和经济活动中，不得以任何名义和变相形式接受礼金和有价证券。凡违反规定接受礼金和有价证券者，要坚决追究，根据数额多少和情节轻重，给予党纪、政纪处分。对索要或暗示对方赠送礼金和有价证券的，要从重处分。触犯刑律的，要依法惩处。

二、各地区、各部门、各单位（包括企业、事业单位）不得以业务会、招待会、订货展销会、新闻发布会等各种会议和礼仪、庆典、纪念、商务等各种活动及其他的形式或名义，向党政机关及其工作人员赠送礼金和有价证券。凡违反规定的，要追究有关领导的责任。

三、各级党政机关及其工作人员在涉外活动（包括与华侨和港澳台同胞交往活动）中，由于难以谢绝而接受的礼金和有价证券，必须在一个月内全部交出并上缴国库。凡不按期交出的，以贪污论处。

《关于对党和国家机关工作人员在国内交往中收受的礼品实行登记制度的规定》（1995年4月30日）

第二条 党和国家机关工作人员在国内交往中，不得收受可能影响公正执行公务的礼品馈赠，因各种原因未能拒收的礼品，必须登记上交。

党和国家机关工作人员在国内交往（不含亲友之间的交往）中收受的其他礼品，除价值不大的以外，均须登记。

第三条 按照第二条的规定须登记的礼品，自收受礼品之日起（在外地接受礼品的，自回本单位之日起）一个月内由本人如实填写礼品登记表，并将登记表交所在机关指定的受理登记的部门。受理登记的部门可将礼品的登记情况在本机关内公布。

登记的礼品按规定应上交的，与礼品登记表一并上交所在机关指定的受理登记的部门。

第四条 对于收受后应登记、上交的礼品在规定期限内不登记或不如实登记、不上交的，由所在党组织、行政部门或纪检监察机关责令其登记、上交，并给予批评教育或者党纪政纪处分。

六

违规吃喝

1. 切莫公款吃喝

示警案例

2014 年至 2019 年，某区粮食收储公司原经理、党总支原书记李某，党总支原副书记王某等人经班子集体研究，授意财务人员以虚

切莫公款吃喝

假列支等方式违规套取资金购买烟酒，累计金额达136万元。李某、王某等人违规公款大吃大喝，违规消费高档烟酒，在多家饭店吃喝525次，餐费金额累计达75.7万元。2014年至2019年的每年春节前，李某、王某等人经班子集体研究，向公司中层以上干部违规发放土特产和烟酒等，共计价值8.9万元。2017年以来，李某、王某等人多次违规组织职工旅游，合计公款支付13.26万元。2020年1月，李某受到留党察看两年处分，被免去粮食收储公司经理职务；王某受到撤销党内职务处分。其他相关责任人受到相应处理。

精析点评

民以食为天。人人都离不开吃饭。但是，饭如何吃，却大有讲究。如果是纯粹的个人正常消费，自然无可非议。但如果是公款吃喝，那就踩了纪律的红线。案例中的李某、王某等人违规公款大吃大喝次数之多、花费之大，让人瞠目结舌，值得党员领导干部反思警醒："怎么吃""吃什么""和谁吃"？心里都应该为自己划一条不可逾越的红线。

在有的领导干部思想深处，吃喝不仅无伤大雅，而且是一种行之有效的工作方式，是情感快速交流的渠道。如果这么看，就把"饭桌危害"看得太轻了。吃喝看似小事，实则是事关党风政风进而影响社风民风的大事。公款吃喝，耗费国家公帑，既败坏社会风气、损害党的形象，也是腐败病灶之一。现实表明，党员干部一旦开始热衷于吃吃喝喝，往往是腐化堕落的前兆。今朝有酒今朝醉，必定会带来思想滑坡、精神懈怠，意志沉沦、作风涣散。此外，吃喝往往还是小圈子拉帮结派的重要途径与活动方式。大量案例都表明，落马高官很多就是通过私下聚会吃吃喝喝，形成小圈子，破坏党的集中统一领导，污染政治生态。

公款吃喝之风屡禁不绝，一方面，与一些领导干部根深蒂固的特权意识有很大关系。迎来送往、前呼后拥，人难免会产生“高人一等”的优越感。正如有的领导干部所言，“一吃喝就高兴，挺风光，有一种成就感，敬你一杯酒，你就忘乎所以了”。另一方面，公款吃喝问题受传统观念、社会习俗等因素影响非常大，不少党员领导干部违规公款吃喝就是因为吃顺了手、喝油了嘴，有的领导干部坦言“两天没饭局就好像缺点什么”，说明心理断瘾决非一朝一夕所能彻底解决。

化风成俗需要时间。解决公款吃喝问题，首先要从监督上发力，继续加强执纪问责、通报曝光，坚持违纪必究、扭住不放，让违规者颜面扫地，让观望者心存忌惮，通过严肃的监督执纪问责释放出强烈信号：乱吃乱喝，最终只会吃不了兜着走。不过，制度和监督虽是必要的，但任何制度要更好地发挥他律作用，党员干部必须解决思想认识问题，更要懂得“人间有味是清欢”的道理。

法条链接

《十八届中央政治局关于改进工作作风、密切联系群众的八项规定》

（2012 年 12 月 4 日）

一、要改进调查研究，到基层调研要深入了解真实情况，总结经验、研究问题、解决困难、指导工作，向群众学习、向实践学习，多同群众座谈，多同干部谈心，多商量讨论，多解剖典型，多到困难和矛盾集中、群众意见多的地方去，切忌走过场、搞形式主义；要轻车简从、减少陪同、简化接待，不张贴悬挂标语横幅，不安排群众迎送，不铺设迎宾地毯，不摆放花草，不安排宴请。

《中国共产党纪律处分条例》

（2018 年 8 月 18 日）

第九十二条 接受、提供可能影响公正执行公务的宴请或者旅游、健身、娱乐等活动安排，情节较重的，给予警告或者严重警告处分；情节严重的，给予撤销党内职务或者留党察看处分。

第一百零三条 违反有关规定组织、参加用公款支付的宴请、高消费娱乐、健身活动，或者用公款购买赠送或者发放礼品、消费卡（券）等，对直接责任者和领导责任者，情节较轻的，给予警告或者严重警告处分；情节较重的，给予撤销党内职务或者留党察看处分；情节严重的，给予开除党籍处分。

《关于落实中央八项规定精神 坚决刹住中秋国庆期间公款送礼等不正之风的通知》

（2013 年 9 月 3 日）

节日期间，严禁用公款送月饼送节礼；严禁用公款大吃大喝或安排与公务无关的宴请；严禁用公款安排旅游、健身和高消费娱乐活动；严禁以各种名义突击花钱和滥发津贴、补贴、奖金、实物。

2. 食堂请客藏不住公款吃喝

示警案例

2019 年 3 月，某县人大常委会党组书记张某以检查工作、召开会议为名，接受某企业公款宴请。为了掩人耳目，会后刘某选

食堂请客藏不住公款吃喝

择在企业食堂就餐，餐费3142元由该企业支付。宴请期间，刘某等7人以张某儿子结婚为名向其赠送礼金共计3500元。张某受到党内严重警告处分，违纪所得予以收缴；其他相关责任人受到相应处理。

精析点评

党的十八大以来，治理公款吃喝是落实中央八项规定精神的一个重要着力点，“几十个文件管不住吃喝”的问题得到了有效治理。相对过去在群众的眼皮底下公然搞公款吃喝，现在在高压震慑下，违规公款吃喝之风被刹住了。

不过，高压态势下，违规公款吃喝问题出现了一些新动向新表现，违规吃喝地点转入家庭餐厅、机关食堂、企业食堂、农家乐、住宅小区等地，想尽办法规避检查。还有些私营企业主挖空心思，把私人住宅改建为接待场所，搞起了“一桌餐”。作风问题的顽固性和反复性可见一斑。像本案例中张某在企业食堂公款吃喝就是典型。三令五申之下，为何吃喝屡禁不止、花样翻新？这与不少人心存侥幸有很大关系，更与思想深处的享乐主义密不可分。很多人认为聚餐吃喝没有动用公款，而且场所隐蔽、人员私密，外人发现也难。“也许不会有人知道”“也许组织不会发现”“也许没事”，于是侥幸心作祟、依然故我，玩起了“老鼠”躲“猫”的游戏。其实，这都是掩耳盗铃、自欺欺人之举。俗话说，若要人不知，除非己莫为。自欺欺人的侥幸心理有时候也许会蒙混过关，获得暂时安稳，但终究“躲得了一时，逃不了一世”。侥幸心理的背后，其实是党性修养的锤炼不够，导致拒腐防变的思想防线被突破。

“四风”“隐身衣”的存在，表明作风顽疾在高压治理态势之下树倒根存，伺机反弹。如若没有抓铁有痕、踏石留印的决心，没有紧紧咬住、寸步不让的韧劲，没有剥开“四风”隐身衣、拆穿腐败“变形计”的行动，“四风”顽疾很可能旧病复发、死灰复燃。公款吃喝隐形变异，无外乎主体隐蔽、手段隐蔽、场所隐蔽、资金来源隐蔽。只要紧紧盯住这些关键环节，多管齐下，辩证施治，隐形问题自然无处可逃。

法条链接

《党政机关厉行节约反对浪费条例》

（2013年11月18日）

第三十一条　会议召开场所实行政府采购定点管理。会议住宿用房以标准间为主，用餐安排自助餐或者工作餐。

会议期间，不得安排宴请，不得组织旅游以及与会议无关的参观活动，不得以任何名义发放纪念品。

完善会议费报销制度。未经批准以及超范围、超标准开支的会议费用，一律不予报销。严禁违规使用会议费购置办公设备，严禁列支公务接待费等与会议无关的任何费用，严禁套取会议资金。

《关于厉行节约反对食品浪费的意见》

（2014年3月11日）

一、杜绝公务活动用餐浪费

……公务活动用餐要按照快捷、健康、节约的要求，积极推行简餐和标准化饮食，主要提供家常菜和不同地域通用的食品，科学合理安排饭菜数量，原则上实行自助餐。严禁党政机关向企事业单位转嫁公务活动用餐费用，严禁以会议、培训等名义组织宴请或大吃大喝。公务活动用餐费支付应严格执行国库集中支付制度和公务卡管理有关规定。严禁设立“小金库”，党政机关、国有企事业单位公务活动用餐预算严格按照有关规定和标准执行，各地区各部门和国有企事业单位在公开“三公”经费支出时要列出公务活动用餐费支出。各地区要制定本地区公务活动用餐开支标准并定期进行调整，明确公务接待工作餐费报销规范。国有企业和国有金融企业要按照有关标准和要求，将业务招待项目作为企业负责人职务消费重要事项强化管理。

八、加强监督检查

……对违反公务接待规定、用公款相互宴请等行为，要依纪依法追究相关人员责任，对负有领导责任的主要负责人或有关领导实行问责。建立食品浪费行为举报投诉制度，相关举报纳入监察部门案件受理范围。财政部门要建立健全公务消费电子监控平台，各单位对未在平台备案的公款消费不予报销；指导企业加强财务会计管理，对企业报销用餐费用行为进行规范。审计部门要对公务接待经费进行审计，发现的违纪违规问题，依法进行处理处罚或者移送有关部门处理……

3. 管理服务对象宴请吃不得

示警案例

案例一： 2019 年 3 月至 7 月，某市经济与信息化局副主任范某在任市经信局党组成员、副主任主管汽车处期间，以联络感情和支

管理服务对象宴请吃不得

持了解企业情况为名，先后接受汽车公司、建筑公司和机械制造公司等管理服务对象的宴请。范某受到党内严重警告处分。

案例二：2019 年 1 月，某市气象局局长刘某、副局长田某带领该局干部下乡检查防雹点作业升级改造工程，返回后，接受该工程承包人的宴请。2019 年 6 月，刘某、田某分别受到党内严重警告处分。

精析点评

中央八项规定精神出台八年多来，“三公”消费大幅减少，干部公款吃喝风得到有效遏制。正风肃纪高压态势之下，公款吃喝“风险”系数太大，于是，接受管理服务对象宴请，也就是“吃老板”就成“最安全”的了。因为它不需要公务报销，也不需要层层审批，可以绕开监督的防线。比如上述两则案例的情况在现实中是比较常见的。

从表面上看，“吃老板”没花公家一分钱，可仔细琢磨，那些管理服务对象为什么愿意提供“免费午餐”呢？俗话说：商人不做亏本的买卖。服务管理对象之所以甘愿掏腰包、鞍前马后，请领导干部吃喝游玩，既不是“人傻钱多”，也不是兄弟义气，看中的无非是他们手中的权力，觥筹交错的背后盘算的是投入与产出。若不是看中了领导干部手中的权力，企图从公权力中“揩油”“薅利”，老板又怎会心甘情愿地为饭局埋单？党员领导干部必须有这样的一个清醒认识以及警惕之心。

一言以蔽之，“吃老板”的问题症结不在于“吃”，而在于推杯换盏、勾肩搭背，模糊官商交往的界限，污染政治空气。鉴于此，2018 年 3 月，全国查处违反中央八项规定精神问题月报，首次将“违规接受管理服务对象宴请”增加为统计问题类型。增加这一统计类型的主要考虑是，在违规公款吃喝得到有效遏制的情况下，违规接受管理服务对象宴请的问题开始凸显，且很多不用公款而用私款，之前月报数据统计的 12 类问题难以准确涵盖。2020 年年初，按照十九届中央纪委四次全会部署要求，中央纪委国家监委党风政风监督室在深入总结中央八项规定精神实施以来取得的成绩基础上，针对“四风”问题的新情况新表现，调整优化违反中央八项规定精神问题统计指标体系，将“违规公款吃喝”调整为“违规吃喝”，并将原系统中“其他”项中的“违规接受管理服务对象宴请”纳入“违规吃喝”中作为统计子项目单列，直指“不吃公款吃老板”等隐形变异问题。

明者因时而变，智者随事而制。针对“四风”问题隐形变异、花样翻新，我们必须寸土不让，精准治理。在重点整治违规公款吃喝等突出问题的同时，密切关注违反“四风”的新动向新表现，进一步巩固拓展治理成效，管出习惯、化风成俗。

法条链接

《中国共产党纪律处分条例》

（2018年8月18日）

第九十二条 接受、提供可能影响公正执行公务的宴请或者旅游、健身、娱乐等活动安排，情节较重的，给予警告或者严重警告处分；情节严重的，给予撤销党内职务或者留党察看处分。

第一百零三条 违反有关规定组织、参加用公款支付的宴请、高消费娱乐、健身活动，或者用公款购买赠送或者发放礼品、消费卡（券）等，对直接责任者和领导责任者，情节较轻的，给予警告或者严重警告处分；情节较重的，给予撤销党内职务或者留党察看处分；情节严重的，给予开除党籍处分。

4. 公款吃喝花样翻新

示警案例

2016 年 1 月至 2018 年 7 月，某县直属单位工作委员会书记曹某和县直工委副主任科员赵某借开展工作之便，通过虚报就餐人数、

公款吃喝花样翻新

次数和虚开发票等方式套取财政资金共计 7.12 万元用于支付该单位公款吃喝欠账。曹某、赵某还存在其他违纪问题。最终，曹某先后受到政务记大过、党内严重警告处分，赵某受到党内严重警告处分。相关违纪款已收缴。

精析点评

党的十八大以来，作风建设持续发力，狠刹违规公款吃喝歪风，形成压倒性态势。但是，在严厉查处的震慑下，还有一些党员干部费尽心思、想尽歪招，炮制出许多违规公款吃喝新“变种”，试图逃避监督。比如，有的化整为零，将大额消费采用拆分开具发票的方式降低消费金额，或者不一事一结，采取阶段性结账，以其他项目名义进行集中处理。有的采取虚开发票等方式套取经费用于接待，或收入不入账、账外有账，建立“吃喝小金库”。还有的以开展工作为“挡箭牌”，借开会、培训、学习考察等正常开展工作的机会组织或参与公款宴请。上述案例是违规公款吃喝由明转暗、花样翻新、衍生出种种“变异”的典型情形。

防治公款吃喝须多管齐下，综合施策。首先，继续保持重拳棒喝。对移花接木逃避检查、迂回变通漂白账目、不吃公款吃老板等问题紧盯不放、现形就抓。其次，要深挖细查。针对重要节点、重要部位、重点人群，开展“拉网式”“点穴式”“嵌入式”监督检查。最后，继续加大点名道姓通报曝光力度，对因公款吃喝问题受到党纪政纪处分的，坚持“凡查皆曝、即查即曝、要案专曝”，营造具有威慑力的监督氛围，巩固“不敢”的压倒性态势。

法条链接

《中国共产党纪律处分条例》

（2018年8月18日）

第九十二条 接受、提供可能影响公正执行公务的宴请或者旅游、健身、娱乐等活动安排，情节较重的，给予警告或者严重警告处分；情节严重的，给予撤销党内职务或者留党察看处分。

第一百零三条 违反有关规定组织、参加用公款支付的宴请、高消费娱乐、健身活动，或者用公款购买赠送或者发放礼品、消费卡（券）等，对直接责任者和领导责任者，情节较轻的，给予警告或者严重警告处分；情节较重的，给予撤销党内职务或者留党察看处分；情节严重的，给予开除党籍处分。

《关于厉行节约反对食品浪费的意见》

（2014年3月11日）

一、杜绝公务活动用餐浪费

……公务活动用餐要按照快捷、健康、节约的要求，积极推行简餐和标准化饮食，主要提供家常菜和不同地域通用的食品，科学合理安排饭菜数量，原则上实行自助餐。严禁党政机关向企事业单位转嫁公务活动用餐费用，严禁以会议、培训等名义组织宴请或大吃大喝。公务活动用餐费支付应严格执行国库集中支付制度和公务卡管理有关规定。严禁设立“小金库”，党政机关、国有企事业单位公务活动用餐预算严格按照有关规定和标准执行，各地区各部门和国有企事业单位在公开“三公”经费支出时要列出公务活动用餐费支出。各地区要制定本地区公务活动用餐开支标准并定期进行调整，明确公务接待工作餐费报销规范。国有企业和国有金融企业要按照有关标准和要求，将业务招待项目作为企业负责人职务消费重要事项强化管理。

《中共中央纪委关于强化监督执纪问责确保务实节俭文明廉洁过节的通知》

（2014年12月23日）

对中央三令五申禁止的领导干部公款吃喝、公款旅游、公款送礼、公车私用、收受礼金、出入私人会所、借婚丧喜庆敛财、在培训中心搞奢靡享乐等问题，发现一起坚决查处一起。

七

违规操办婚丧喜庆事宜

1. 设宴超报备，违反规定

示警案例

案例一： 2019 年 6 月，某县教科局副局长刘某向组织报备为其子结婚设宴 20 桌。7 月 10 日至 11 日，刘某在老家设流水席待客 20 桌；

设宴超报备，违反规定

12日又在某酒店举办婚礼设宴32桌，共设宴52桌，比向组织报备的桌数超出32桌。其间共收受管理服务对象礼金3万元。

案例二：2018年12月，某村党支部原书记王某向镇纪委报备其次子结婚，设宴10桌。2019年1月12日、13日，王某与女方家共同设宴80桌，王某共宴请亲戚、朋友及本村村民19桌，收受礼金3.12万元，其中，收受66名村民礼金2.12万元。

案例三：2018年11月，某村党支部原书记陈某因其子结婚向镇纪委进行报备，承诺遵守规定，不大操大办，不以任何方式邀请与自己行使职权有关的单位、个人，坚持在亲属范围内进行。2018年12月2日、3日，陈某违反廉洁承诺，为其子大办婚宴，两天共计宴请54桌，参加人员为亲戚、好友及本村村民，接受本村村民及电工、统计员、护林员等100多人礼金人民币2.46万余元。

精析点评

婚丧嫁娶乃人生大事，郑重操持本不为过，但要注意，不能违反规定，大操大办。如果讲排场、比阔气，不仅会增加群众负担，而且会损耗社会财富和资源，那就会变味、异化。特别是一些党员干部大操大办、借机敛财，在操办婚丧喜庆事宜中收取较大数额礼金，事情的性质就不一样了。更有甚者，一些别有用心之人也趁机巴结、拉拢感情，以糖衣炮弹引诱领导干部上钩，以达到权钱交易目的。像上述案例中的刘某、王某和陈某为孩子办婚宴，均比向组织报备的桌数超出很多，其间还收受管理服务对象的礼金，均违反了党的廉洁纪律。

鉴于此，党的纪律不允许党员干部大操大办婚丧喜庆事宜。《中国共产党纪律处分条例》第九十一条规定：利用职权或者职务上的影响操办婚丧喜庆事宜，在社会上造成不良影响的，给予警告或者严重警告处分；情节严重的，给予撤销党内职务处分；借机敛财或者有其他侵犯国家、集体和人民利益行为的，从重或者加重处分，直至开除党籍。不少地方为规范党员干部操办婚丧喜庆事宜，还出台了事前申报制度，要求如实申报操办事项和规模，然而有一些党员干部却不能理解组织的良苦用心，超标准、超报备规模操办婚丧喜庆事宜。

报备，是严肃的组织程序，是核查实际情况的重要依据，不是信口开河，更不是一纸空文。报备必须如实，执行也必须坚决。不拿规定当回事，抱着“报备过就没事了”的想法，搞阴阳报备、弄虚作假、少报多办，事实证明，这不过是掩耳盗铃，自欺欺人。

法条链接

《中国共产党章程》

（中国共产党第十九次全国代表大会部分修改，2017 年 10 月 24 日通过）

第三十六条 党的各级领导干部必须信念坚定、为民服务、勤政务实、敢于担当、清正廉洁，模范地履行本章程第三条所规定的党员的各项义务，并且必须具备以下的基本条件：

……

（五）正确行使人民赋予的权力，坚持原则，依法办事，清正廉洁，勤政为民，以身作则，艰苦朴素，密切联系群众，坚持党的群众路线，自觉地接受党和群众的批评和监督，加强道德修养，讲党性、重品行、作表率，做到自重、自省、自警、自励，反对形式主义、官僚主义、享乐主义和奢靡之风，反对任何滥用职权、谋求私利的行为。

……

《中国共产党纪律处分条例》

（2018 年 8 月 18 日）

第九十一条 利用职权或者职务上的影响操办婚丧喜庆事宜，在社会上造成不良影响的，给予警告或者严重警告处分；情节严重的，给予撤销党内职务处分；借机敛财或者有其他侵犯国家、集体和人民利益行为的，从重或者加重处分，直至开除党籍。

《国家行政机关及其工作人员在国内公务活动中不得赠送和接受礼品的规定》

（1988年12月1日）

第三条 国家行政机关及其工作人员不得假借名义或者以变相形式赠送和接受礼品：

（一）以鉴定会、评比会、业务会、订货会、展销会、招待会、茶话会、新闻发布会、座谈会、研讨会以及其他会议的形式；

（二）以祝贺春节、元旦、国庆节、中秋节和其他节假日的名义；

（三）以试用、借用、品尝、鉴定的名义；

（四）以祝寿、生日、婚丧嫁娶的名义；

（五）以其他形式和名义。

《推进领导干部能上能下若干规定（试行）》

（2015年7月19日）

第七条 加大领导干部问责力度。除《关于实行党政领导干部问责的暂行规定》第五条所列情形外，具有下列情形之一的，也应当对有关领导干部实行问责：

……

（三）抓作风建设不力，本地区本部门本单位或者分管领域形式主义、官僚主义、享乐主义和奢靡之风比较突出的；

……

发生上述情形的，对有关领导干部实行问责的方式包括责令公开道歉、停职检查、引咎辞职、责令辞职、免职。问责程序按照《关于实行党政领导干部问责的暂行规定》执行。

2. 借“百日宴”“升学宴”违规收受礼金

示警案例

案例一：2019 年 3 月，某镇党委副书记吴某违规操办儿子的“百日宴”，宴请亲戚、朋友及管理服务对象等共 10 桌，吴某及其家人

借“百日宴”“升学宴”违规收受礼金

收受微信红包 2888 元、现金红包 500 元，共计收受礼金 3388 元。2019 年 12 月，吴某受到党内警告处分，违纪所得责令退还。

案例二： 2018 年 8 月，某镇党委副书记、镇长沈某在没有向组织报告的情况下，违规为其子操办“升学宴”并借机敛财，收受管理服务对象礼金 1.44 万元。2019 年 1 月，沈某受到党内严重警告、政务记大过处分。相关违纪款已收缴。

精析点评

党的十八大以来，全党驰而不息纠“四风”，曾经让一度火热的谢师宴、升迁宴、生日宴等遇冷。但财帛迷人眼，一些党员干部心存侥幸，仍然顶风违纪，搞出各种新花样。除了前文提到的“百日宴”“升学宴”，还有“满月宴”“祝寿宴”“谢师宴”以及“庆车宴”“杀猪宴”等种种奇葩宴席。更有一些党员干部为掩人耳目，不再“面对面”收送礼金，而是搞起“键对键”，通过微信转账方式收受红包。

仔细分析，如此煞费苦心操办宴席，无外乎是为了“利益”二字。费力少却来钱快，更不避讳宴请对象，何乐而不为？其实，对于手握公权力的党员干部和公职人员来说，不但不能把喜庆事变成借机敛财的借口，还要防止“朋友圈”及管理服务对象以道贺之名行“温水煮青蛙”之实。像上述案例中的吴某、沈某这样的，显然是以摆宴为名、敛财为实，看似聪明，实则糊涂。

红包礼金往往是滋生腐败的起点。对于党员干部和公职人员来说，婚丧喜庆不是简单的“私事”。一方面，要带头提倡新风反对大操大办；另一方面，要切实管住手，绝不收受可能影响正常执行公务的红包或贺礼，趁早断了借“宴”敛财的歪念。

法条链接

《关于新形势下党内政治生活的若干准则》
（2016年10月27日中国共产党第十八届中央委员会第六次全体会议通过）

五、保持党同人民群众的血肉联系

……

全党必须坚决反对形式主义、官僚主义、享乐主义和奢靡之风，领导干部特别是高级干部要以身作则。反对形式主义，重在解决作风飘浮、工作不实，文山会海、表面文章，贪图虚名、弄虚作假等问题。反对官僚主义，重在解决脱离实际、脱离群众，消极应付、推诿扯皮，作风霸道、迷恋特权等问题。反对享乐主义，重在解决追名逐利、贪图享受，讲究排场、玩物丧志等问题。反对奢靡之风，重在解决铺张浪费、挥霍无度，骄奢淫逸、腐化堕落等问题。坚持抓常、抓细、抓长，特别是要防范和查处各种隐性、变异的“四风”问题，把落实中央八项规定精神常态化、长效化。

……

《关于厉行节约反对食品浪费的意见》

（2014 年 3 月 11 日）

三、推行科学文明的餐饮消费模式

鼓励餐饮企业积极发展大众餐饮，提供标准化菜品，方便消费者自主调味，推行商务餐分餐制，发展可选择套餐，多提供小份菜。倡导一料多菜、一菜多味，物尽其用，避免浪费食材。餐饮企业要积极引导消费者节约用餐，在显著位置张贴或摆放节约食物、杜绝浪费的宣传画或提示牌，菜单上应准确标注菜量，按营养均衡的要求配置不同规格盛具，餐前引导适量点餐，餐后主动帮助打包，不得设置最低消费额，对节约用餐的消费者给予表扬和奖励。鼓励家庭按实际需要采购食品，倡导婚丧嫁娶等红白喜事从简用餐。商务部门要制定餐饮业服务规范，加快建立健全餐饮业标准体系，会同财政等部门研究建立餐饮企业反对食品浪费工作奖惩制度。卫生计生部门要指导餐饮企业提供符合膳食平衡要求的食品。工商部门要指导各级消费者协会加强消费教育，引导消费者形成文明节俭消费理念。食品药品监管部门要结合餐饮服务食品安全量化分级管理工作，推动餐饮企业加大反对食品浪费工作力度。旅游部门要强化旅游星级饭店质量等级评定标准中反对食品浪费的要求，并加强对标准实施的监督检查。各有关行业协会要制定行规行约，引导餐饮企业转变经营理念，厉行节约，反对浪费。

《国家行政机关及其工作人员在国内公务活动中不得赠送和接受礼品的规定》

（1988年12月1日）

第三条 国家行政机关及其工作人员不得假借名义或者以变相形式赠送和接受礼品：

（一）以鉴定会、评比会、业务会、订货会、展销会、招待会、茶话会、新闻发布会、座谈会、研讨会以及其他会议的形式；

（二）以祝贺春节、元旦、国庆节、中秋节和其他节假日的名义；

（三）以试用、借用、品尝、鉴定的名义；

（四）以祝寿、生日、婚丧嫁娶的名义；

（五）以其他形式和名义。

3. 大操大办婚丧喜庆事宜

示警案例

2017 年 2 月，某县住建局原党组副书记、局长周某在操办其母亲的丧事时，未向组织报告，私自大操大办，大摆宴席百余桌，违

大操大办婚丧喜庆事宜

规收取县直单位及乡镇100多名党员干部(非亲属)所送礼金共计3.1万元。2017年5月，周某受到党内严重警告、政务记大过处分。相关违纪款已收缴。

精析点评

勤俭节约、勤俭持家是中华民族传统美德。但讲排场比阔气、婚丧嫁娶大操大办的享乐主义和奢靡之风在互相传染中成为风气，与勤俭节约的传统美德渐行渐远，更与我们党艰苦朴素的优良作风背道而驰。

党规党纪严于国家法律。这不仅体现在党中央的鲜明态度中，更体现在党规党纪对于党员干部的实际约束力上。大操大办婚丧喜庆活动对普通公民来说只是一个道德教养、社风民风的问题，但对党员干部来说可能就会被上升到违反党规党纪的高度。现实也证明，“借机敛财”与“大操大办”是有联系的，“大操大办”不一定以敛财为目的，但敛财一定会“大操大办”。党员领导干部掌握公权力，可能会借婚丧嫁娶之名变现权力，所收的礼金会大大超出正常人情往来的范畴。而普通公民则不会有这样的机会，也不会有权钱交易的担忧。

现实中，一些因为大操大办婚丧喜庆事宜被处理的干部也显得委屈：“别人大办，我不大办岂不吃亏？这么多年送出去那么多，岂不是白送了？”这样的觉悟未免有点低了。党风连着政风民风，有什么样的党风政风，就会带动形成什么样的社风民风。领导干部大操大办婚丧事宜必然会对社会上的攀比和铺张浪费产生推波助澜的作用。对一个家庭而言，“兴家犹如针挑土，败家犹如水冲沙”。对一个国家和民族而言，“成由勤俭败由奢”。大操大办，于党于国、于家于己，都有百害而无一利。党员干部当提高觉悟，带头践行新风尚，让被异化了的风俗回归其原本的美好价值。

法条链接

《推进领导干部能上能下若干规定（试行）》
（2015年7月19日）

第七条 加大领导干部问责力度。除《关于实行党政领导干部问责的暂行规定》第五条所列情形外，具有下列情形之一的，也应当对有关领导干部实行问责：

……

（三）抓作风建设不力，本地区本部门本单位或者分管领域形式主义、官僚主义、享乐主义和奢靡之风比较突出的；

……

发生上述情形的，对有关领导干部实行问责的方式包括责令公开道歉、停职检查、引咎辞职、责令辞职、免职。问责程序按照《关于实行党政领导干部问责的暂行规定》执行。

《中国共产党党组工作条例（试行）》

（2015 年 6 月 11 日）

第十四条　党组及其成员应当加强思想政治建设，坚定理想信念，严守政治纪律和政治规矩。严肃党内政治生活，按照规定召开民主生活会，开展严肃认真的批评和自我批评。严格落实中央关于改进工作作风、密切联系群众的各项规定，坚决反对形式主义、官僚主义、享乐主义和奢靡之风。切实增强践行“三严三实”要求的思想自觉和行动自觉。严格遵守党员领导干部廉洁从政有关规定，自觉接受党组织和党员群众的监督。

《党政领导干部选拔任用工作条例》

（新华社北京 2019 年 3 月 17 日电）

第七条　党政领导干部必须信念坚定、为民服务、勤政务实、敢于担当、清正廉洁，具备下列基本条件：

……

（五）正确行使人民赋予的权力，坚持原则，敢抓敢管，依法办事，以身作则，艰苦朴素，勤俭节约，坚持党的群众路线，密切联系群众，自觉接受党和群众的批评、监督，加强道德修养，讲党性、重品行、作表率，带头践行社会主义核心价值观，廉洁从政、廉洁用权、廉洁修身、廉洁齐家，做到自重自省自警自励，反对形式主义、官僚主义、享乐主义和奢靡之风，反对任何滥用职权、谋求私利的行为；

……

第二十七条 考察党政领导职务拟任人选，必须依据干部选拔任用条件和不同领导职务的职责要求，全面考察其德、能、勤、绩、廉，严把政治关、品行关、能力关、作风关、廉洁关。

……

加强作风考察，深入了解为民服务、求真务实、勤勉敬业、敢于担当、奋发有为，遵守中央八项规定精神，反对形式主义、官僚主义、享乐主义和奢靡之风等情况。

……

4. 小规模、多批次、分时段多次操办

示警案例

2018 年 4 月，某村村委会主任孔某的儿子即将成婚，孔某电话报告镇党委副书记李某和纪委书记赵某关于儿子的结婚事宜。李、

小规模、多批次、分时段多次操办

赵二人要求孔某严格按照要求，不得邀请管理和服务对象参加，控制婚礼规模，避免大操大办，以免造成不良影响。但经调查核实，孔某在4月9日晚至12日晚，于家中及婚宴现场分四次举办宴请，共安排70桌，除了双方亲属、朋友，还有部分自己管理范围内的村民参加，规模较大、参加人数较多，并违规收受礼金，在群众中造成不良影响。随后，孔某受到党内警告处分。

精析点评

中央八项规定出台以来，多数领导干部在执行婚丧嫁娶规定方面令行禁止，但也不断有人玩起了“躲猫猫”的把戏。党员干部操办婚礼，大操大办不允许。有的党员干部化整为零、掩人耳目，搞小规模、多批次、分时段多次操办，有的把操办地点换到不同饭店进行，有的由领导干部本人名义向假借亲属、朋友等他人名义转变，还有的只收礼金不设台账，只收礼金不安排宴请。这些做法投机取巧，看似都“合乎标准”，其实是在规避监督“耍花招”，早已突破了纪律的“红线”。

案例中的孔某为子女操办婚宴本无可厚非，但作为党员干部，要遵守纪律规定，从简办理，避免大操大办，更不可借机敛财。然而，孔某却仍然化整为零、大操大办，归根结底是纪律和规矩意识淡漠，没把纪律和规矩当回事，最终触碰底线。这也说明此类问题树倒根在、痼疾难除。背后既有经济利益因素，也有社会文化因素，还有侥幸心理作祟。应对“新花招”须有的放矢，综合施策。一方面，要突出党员领导干部这个重点人群进行监督检查；另一方面，要进一步畅通举报渠道，对群众举报和媒体曝光的违规操办婚丧喜庆事宜的线索，及时进行调查核实和处理，对“披隐身衣”“穿马甲”等企图规避组织监督的行为要从严处理。

法条链接

《中国共产党巡视工作条例》
（2017年7月1日修改）

第十五条 巡视组对巡视对象执行《中国共产党章程》和其他党内法规，遵守党的纪律，落实全面从严治党主体责任和监督责任等情况进行监督，着力发现党的领导弱化、党的建设缺失、全面从严治党不力，党的观念淡漠、组织涣散、纪律松弛，管党治党宽松软问题：

……

（四）违反群众纪律、工作纪律、生活纪律，落实中央八项规定精神不力，搞形式主义、官僚主义、享乐主义和奢靡之风等问题；

……

《中共中央纪委关于强化监督执纪问责确保务实节俭文明廉洁过节的通知》

（2014 年 12 月 23 日）

对中央三令五申禁止的领导干部公款吃喝、公款旅游、公款送礼、公车私用、收受礼金、出入私人会所、借婚丧喜庆敛财、在培训中心搞奢靡享乐等问题，发现一起坚决查处一起。

《关于持之以恒正风肃纪确保 2019 年元旦春节风清气正的通知》

（2018 年 12 月 25 日）

二、突出工作重点，严格执纪执法。各级纪检监察机关要把监督挺在前面，拓宽监督渠道，强化监督合力，联合公安、财政、税务等职能部门，通过专项检查、随机抽查、突击检查、交叉互查等方式，及时发现并纠正《通知》所列公款吃喝、收送礼品礼金、大办婚丧喜庆、滥发津贴补贴奖金等问题。对节日期间“四风”问题线索，一律严查快办，典型案例一律通报曝光，以“零容忍”态度巩固作风建设成果。强化精准思维，注意方式方法，防止随意执纪、方法欠妥、层层加码、跑调走偏等情况。

八

违规发放津贴补贴或福利

1. 切莫套取资金发补贴

示警案例

案例一：2016 年 5 月至 2019 年春节期间，某县公安局营根派出所原所长王某要求财务人员通过虚报协助破案费、误餐费、群防群

切莫套取资金发补贴

治费、特情费等名目套取财政资金，违规向民警、辅警、工勤人员发放津补贴共计11.23万元，其中王某个人领取6200元。2016年6月至2018年4月，王某利用保管单位公务加油卡的便利，违规多次为其本人私家车加油，共计消费7285元。王某还存在其他违纪违法问题。王某受到留党察看一年、政务撤职处分，降为一级警员；违纪违法款项予以收缴。

案例二：2015年至2019年，某市公安局交警大队原中队长张某任中队长期间，该中队以虚开汽车燃油、维修发票等形式违规报销费用31.3万元，用于中秋节、春节为干警发放补助等支出。2016年至2019年，张某利用从辖区镇政府争取的工作经费，为5名干警发放补助共计1.75万元。2018年4月，他擅自决定、变相操作给4名干警发放考评工资7万元。张某同时存在其他违纪违法问题。2019年4月，张某受到留党察看一年、政务撤职处分，违纪所得予以收缴和责令退赔。

精析点评

违规发放津贴补贴或福利是一种常见的违反中央八项规定精神问题。统计数据显示，自2015年1月至2020年2月，纪检监察机关共查处违规发放津贴补贴或福利问题6.4万起，占同期查处的26.2万件享乐主义、奢靡之风问题的24.4%，占比第一。这种被人称为“腐利”问题的发生面之广可见一斑。

合理的津贴补贴是干部职工应得的，可对干部职工起到正向激励作用。但是，违规发放津贴补贴，则是变味的“腐利”，是化公为私的“自肥”行为。为了多发津贴补贴，有些地方和有些部门千方百计搞违规创收，加剧了政府权力部门化、部门权力利益化、部门利益个人化倾向，直接导致了政府职能异化和公务员角色错位。

中央八项规定精神出台后，公然违规发放津贴补贴或福利的现象有所收敛，但一些单位和部门依然顶风违规违纪，要么打“擦边球”，混淆界限，要么披上“马甲”、套上“隐身衣”，通过巧立名目、“嫁接”在其他项目之下变相发放，手段可谓五花八门。有的巧立名目、套取钱款；有的弄虚作假，以开具办公用品发票等方法购买购物卡、保健品、烟酒等名目开支报销；有的靠山吃山、捞取好处，将福利、津补贴转嫁给关联单位。比如上述案例中，王某以协助破案费、误餐费、群防群治费、特情费等名目套取资金，张某以虚开汽车燃油、维修发票等形式违规报销费用 31.3 万元，用于中秋节、春节为干警发放补助的行为，折射的正是部分党员领导干部对作风建设抱有松口气、歇歇脚的幻想，精神上缺“钙”、纪律规矩意识淡薄，以及监管缺失、执纪不严等问题。

打蛇打七寸。违规发放津贴补贴，表面看是集体内人人参与，人人得利，但实际上，违规违纪的源头仍然要追溯到掌握主要权力的领导身上，如果单位领导不批准、不同意，规定标准以外的津贴补贴又如何发放得了呢？治理违规发放津补贴行为，必须抓住“关键少数”这个主体，盯住一把手，严惩责任人。

法条链接

《中国共产党纪律处分条例》

（2018 年 8 月 18 日）

第一百零四条 违反有关规定自定薪酬或者滥发津贴、补贴、奖金等，对直接责任者和领导责任者，情节较轻的，给予警告或者严重警告处分；情节较重的，给予撤销党内职务或者留党察看处分；情节严重的，给予开除党籍处分。

《违规发放津贴补贴行为处分规定》

（2013 年 6 月 13 日）

第十条 以虚报、冒领等手段骗取财政资金发放津贴补贴的，给予记大过处分；情节较重的，给予降级或者撤职处分；情节严重的，给予开除处分。

以虚报、冒领等手段骗取财政资金，并以发放津贴补贴的形式合伙私分的，依照前款规定从重处分。

第十三条 对违规发放的津贴补贴，应当按有关规定责令整改，并清退收回。

第十六条 有违规发放津贴补贴行为，应当给予党纪处分的，移送党的纪律检查机关处理；涉嫌犯罪的，移送司法机关处理。

《国务院办公厅关于坚决制止滥发钱、物和用公款旅游的通知》

（1987年8月19日）

二、各地区、各部门、各单位不得违反规定，以任何借口、任何形式乱发奖金、补贴、津贴和购物券，也不准以各种名义发放和变相发放各种食品、生活用品，包括无偿发放、单位补贴和用公款垫付、长期挂账等。严禁中央各部门、各单位利用职权向地方索要、低价购买或无偿接受地方赠送的工业品和农副土特产品。

《财政部关于深入贯彻落实中央八项规定及实施细则精神规范和加强中央部门预算管理的通知》

（2018年1月3日）

二、严肃部门预算执行

各部门依法取得的罚没收入、行政事业性收费等非税收入，要按规定及时足额上缴国库，严禁任何形式隐瞒、截留、挤占、挪用、坐支或者私分。要严格执行按法定程序批复的预算，严禁无预算、超预算执行，严禁虚列支出、转移或者套取预算资金，严格执行结转和结余资金管理规定。要硬化预算约束，年度执行中新增的临时性、应急性等支出，原则上通过部门现有预算调剂的方式解决。要做好项目支出绩效目标执行监控，及时纠偏，堵塞漏洞，确保绩效目标如期实现。严禁超标准、超范围发放津贴补贴，严禁自行设立新项目或者继续发放已明令取消的津贴补贴。严格执行政府采购制度，严禁配备明显超出机关办公基本需求的高档、高配置产品。严格执行中央预算单位公务卡强制结算目录，凡目录规定的公务支出项目，应按规定使用公务卡或转账方式结算，原则上不得使用现金结算。

2. 不得变相发放福利

示警案例

2013 年至 2019 年，A 区某村委会未经村民大会或村民代表大会讨论同意，违规决定在每年春节后向村“两委”干部等工作人员发

不得变相发放福利

放“开门利是”，累计发放 79.6 万元。该村时任党支部书记兼村委会主任吴某、村委会副主任兼村股份经济合作社理事长刘某等 10 名村“两委”干部分别领取 0.6 万元至 3.9 万元不等。2019 年 12 月，吴某受到党内严重警告处分，刘某等 9 人受到党内警告处分。相关违纪款已退缴。

精析点评

福利是指单位在工资、社会保险之外，根据国家有关规定，所采取的补贴措施和建立的各种服务设施，对职工提供直接和间接的物质帮助。发放福利必须有据可依。但是，一个时期内，在一些地方一些单位，原本礼轻意浓的过节福利出现了走样变味，节日福利在一些单位成了奢靡之风乃至贪污腐败的挡箭牌，群众意见很大。

合理的福利是干部职工应得的，可对干部职工起到正向激励作用。为此，中办、国办、全国总工会等相关部门有明文规定，依法保障干部职工享有的正常福利待遇，各地也出台了具体的保障措施。但是，违规发放福利，则是变味的“腐利”。比如，上述案例中，A 区某村委会违规决定在每年春节后向村“两委”干部等工作人员发放“开门利是”，累计发放 79.6 万元，就是典型的化公为私的“自肥”行为，把公家的钱堂而皇之地装进自己的腰包了。

引导合理福利预期，规范正常福利发放，是打造健康政治生态的需要，也是培育成熟社会心态的需要。治理违规发放福利的行为，首先应该让福利规范起来、透明起来，保证该发的正常福利，一个都不能少；不该发的“腐利”，一个都不会发。同时，要加强监督执纪问责，对于任性地违规发放津贴补贴或福利的部门和单位，要有“眼里揉不得沙子”的严肃性，严防死守、一寸不让。

法条链接

《中国共产党纪律处分条例》

（2018年8月18日）

第一百零四条　违反有关规定自定薪酬或者滥发津贴、补贴、奖金等，对直接责任者和领导责任者，情节较轻的，给予警告或者严重警告处分；情节较重的，给予撤销党内职务或者留党察看处分；情节严重的，给予开除党籍处分。

《违规发放津贴补贴行为处分规定》

（2013年6月13日）

第四条　有下列行为之一的，给予警告处分；情节较重的，给予记过或者记大过处分；情节严重的，给予降级或者撤职处分：

（一）违反规定自行新设项目或者继续发放已经明令取消的津贴补贴的；

（二）超过规定标准、范围发放津贴补贴的；

（三）违反中共中央组织部、人力资源社会保障部有关公务员奖励的规定，以各种名义向职工普遍发放各类奖金的；

（四）在实施职务消费和福利待遇货币化改革并发放补贴后，继续开支相关职务消费和福利费用的；

（五）违反规定发放加班费、值班费和未休年休假补贴的；

（六）违反《中共中央纪委、中共中央组织部、监察部、财政部、人事部、审计署关于规范公务员津贴补贴问题的通知》（中纪发〔2006〕17号）等规定，擅自提高标准发放改革性补贴的；

（七）超标准缴存住房公积金的；

（八）以有价证券、支付凭证、商业预付卡、实物等形式发放津贴补贴的；

（九）违反规定使用工会会费、福利费及其他专项经费发放津贴补贴的；

（十）借重大活动筹备或者节日庆祝之机，变相向职工普遍发放现金、有价证券或者与活动无关的实物的；

（十一）违反规定向关联单位（企业）转移好处，再由关联单位（企业）以各种名目给机关职工发放津贴补贴的；

（十二）其他违反规定发放津贴补贴的。

第十条 以虚报、冒领等手段骗取财政资金发放津贴补贴的，给予记大过处分；情节较重的，给予降级或者撤职处分；情节严重的，给予开除处分。

以虚报、冒领等手段骗取财政资金，并以发放津贴补贴的形式合伙私分的，依照前款规定从重处分。

第十三条 对违规发放的津贴补贴，应当按有关规定责令整改，并清退收回。

第十六条 有违规发放津贴补贴行为，应当给予党纪处分的，移送党的纪律检查机关处理；涉嫌犯罪的，移送司法机关处理。

《关于坚决制止滥发钱、物和用公款旅游的通知》

（1987年8月19日）

五、对于违反国家规定滥发钱、物和用公款旅游的，对单位、直接责任人和单位领导人，由审计、财政部门按照《国务院关于违反财政法规处罚的暂行规定》和其他有关规定严肃处理。坚决防止今冬明春再次出现“公费过年”“公费过节”的错误做法。对一些典型案例，在情况查实后，要公开处理，以教育广大干部群众。

所有国家干部都应发扬艰苦奋斗的精神，廉洁奉公，自觉遵守本通知的各项规定。

《中华全国总工会办公厅关于加强工会经费财务管理和审计监督切实管好用好工会经费的通知》

（2013年12月25日）

四、严格控制“三公”经费支出。坚决贯彻落实中央八项规定精神，以及《党政机关厉行节约反对浪费条例》和《党政机关国内公务接待管理规定》，发扬艰苦奋斗、勤俭节约的优良传统和作风，在经费使用上精打细算，控制机关行政经费的过快增长。严格执行会议、出差、公务接待等相关规定，严格执行集中采购制度，严禁将工会经费用于请客送礼、大吃大喝、旅游健身等，严禁以各种名义年终突击花钱和滥发津贴、补贴、奖金、实物，严禁报销与公务活动无关的费用，严禁以会议、培训、委托课题为名虚列支出，转移、隐匿资金或向下级工会摊派、转嫁支出，坚决制止奢侈浪费，合理有效使用资金。坚决贯彻中央关于严格控制办公用房维修改造的规定，维修改造以消除安全隐患、恢复和完善使用功能为重点，严格履行审批程序，严禁用工会经费超标准改造办公用房，严禁豪华装修。各行政事业单位、企业基层工会要依法做好工会经费独立核算工作，加强工会账户管理，严禁将工会账户并入单位行政账户，严禁单位行政将相关资金转入工会账户，作为单位的“小金库”支配使用。

3. 超标准、超范围发放津贴补贴

示警案例

某市水利局原局长陈某违规发放津贴补贴或福利问题。2019年4月至9月，4次以工会名义组织该单位员工开展团建活动，消

超标准、超范围发放津贴补贴

费 16000 元，其中超标准 7456 元、超范围 5215 元，均以工会经费名义报销。2019 年 9 月，以工会名义向 132 名员工发放中秋节福利共 21453 元，其中，超范围发放 113 人、17864 元。该单位以“煤贴”“交通水电防尘贴”“下工地补助”“外勤补贴”等名义，先后向干部职工违规发放津贴补贴共计 50 余万元，造成严重不良影响。

精析点评

超标准、超范围发放津贴补贴问题是典型的违反中央八项规定精神的问题，也是一个易发多发的老问题。相较于违规公款吃喝、公款旅游、违规配备使用公务用车等更带有个人享乐主义色彩的“四风”问题，违规发放津贴补贴是为了集体成员利益，似乎“情有可原”。于是，许多党员领导干部思想上重视不够，是导致党的十八大之后，此类问题仍然易发多发的原因之一。

在纠“四风”露头就打、反复敲打的大环境下，为何违规发放津贴补贴屡禁不止呢？从通报曝光的案例来看，超标准、超范围发放津贴补贴等问题禁而不绝，与一些领导干部的特权心态、从众心态、侥幸心态、法不责众心态关系甚大。有的吃公家饭就想占公家便宜，对套取、侵占公共资金不以为然，把“单位发钱”视为理所当然；有的认为，“之前都可以，现在怎么不行”，抱着违规发放的“惯例”不变；有的侥幸心理作祟，认为“钱不多、事不大”，可以瞒天过海；有的领导干部召开内部会议，打着“集体决策”旗号违规发放津贴补贴，拿法不责众来安慰自己。然而，无论什么样的心态，都是自欺欺人的心态。津贴补贴发给谁、怎么发，制度都有明文规定。一些单位在政策执行上做“选择题”，背后还是思想上认识不到位。像案例中的单位以“煤贴”“交通水电防尘贴”“下工地补助”“外勤补贴”等名义，先后向干部职工违规发放津贴补贴共计50余万元，不仅违反了国家财经纪律，导致收入分配不公，而且容易影响干部队伍稳定，影响党和政府在人民群众心目中的形象，必须持续加以有效整治。

首先，要加强对一把手的监督。单位的一把手在决策中有重要的话语权，甚至是最终的决定权。一把手违规决策，这是滥发津贴补贴案件中涉及单位一把手占比高的原因。必须督促一把手依法用权、慎重决策，在纪律和法律允许的范围内为单位干部职工争取福利，决不能打纪法的“擦边球”，甚至公然突破纪律和法律底线。其次，认真研究、建立科学合理、公平公正、规范有序的工资收入分配制度，让津贴补贴发放真正合法、合理，更透明。

法条链接

《中国共产党纪律处分条例》

（2018年8月18日）

第一百零四条 违反有关规定自定薪酬或者滥发津贴、补贴、奖金等，对直接责任者和领导责任者，情节较轻的，给予警告或者严重警告处分；情节较重的，给予撤销党内职务或者留党察看处分；情节严重的，给予开除党籍处分。

《违规发放津贴补贴行为处分规定》

（2013年6月13日）

第四条 有下列行为之一的，给予警告处分；情节较重的，给予记过或者记大过处分；情节严重的，给予降级或者撤职处分：

（一）违反规定自行新设项目或者继续发放已经明令取消的津贴补贴的；

（二）超过规定标准、范围发放津贴补贴的；

（三）违反中共中央组织部、人力资源社会保障部有关公务员奖励的规定，以各种名义向职工普遍发放各类奖金的；

（四）在实施职务消费和福利待遇货币化改革并发放补贴后，继续开支相关职务消费和福利费用的；

（五）违反规定发放加班费、值班费和未休年休假补贴的；

（六）违反《中共中央纪委、中共中央组织部、监察部、财政部、人事部、审计署关于规范公务员津贴补贴问题的通知》（中纪发〔2006〕17号）等规定，擅自提高标准发放改革性补贴的；

（七）超标准缴存住房公积金的；

（八）以有价证券、支付凭证、商业预付卡、实物等形式发放津贴补贴的；

（九）违反规定使用工会会费、福利费及其他专项经费发放津贴补贴的；

（十）借重大活动筹备或者节日庆祝之机，变相向职工普遍发放现金、有价证券或者与活动无关的实物的；

（十一）违反规定向关联单位（企业）转移好处，再由关联单位（企业）以各种名目给机关职工发放津贴补贴的；

（十二）其他违反规定发放津贴补贴的。

第十一条 在执行津贴补贴政策中不负责任，导致本地区、本部门、本系统和本单位发生严重违规发放津贴补贴行为的，给予记过或者记大过处分；情节较重的，给予降级或者撤职处分；情节严重的，给予开除处分。

第十二条 不制止、不查处本地区、本部门、本系统和本单位发生的严重违规发放津贴补贴行为的，给予记过或者记大过处分；情节较重的，给予降级或者撤职处分；情节严重的，给予开除处分。

第十三条 对违规发放的津贴补贴，应当按有关规定责令整改，并清退收回。

《关于坚决制止滥发钱、物和用公款旅游的通知》

（1987年8月19日）

二、各地区、各部门、各单位不得违反规定，以任何借口、任何形式乱发奖金、补贴、津贴和购物券，也不准以各种名义发放和变相发放各种食品、生活用品，包括无偿发放、单位补贴和用公款垫付、长期挂帐等。严禁中央各部门、各单位利用职权向地方索要、低价购买或无偿接受地方赠送的工业品和农副土特产品。

《财政部关于深入贯彻落实中央八项规定及实施细则精神规范和加强中央部门预算管理的通知》

（2018年1月3日）

二、严肃部门预算执行

……严禁超标准、超范围发放津贴补贴，严禁自行设立新项目或者继续发放已明令取消的津贴补贴。严格执行政府采购制度，严禁配备明显超出机关办公基本需求的高档、高配置产品。严格执行中央预算单位公务卡强制结算目录，凡目录规定的公务支出项目，应按规定使用公务卡或转账方式结算，原则上不得使用现金结算。

九

公款旅游以及违规接受管理和服务对象等旅游活动安排

1. 接受管理和服务对象旅游安排违纪

示警案例

2016 年 5 月，A 市原安全监管局党组成员、副局长康某应某管理服务对象调研之邀，到湖南衡山旅游 3 天，交通、食宿、门票等

接受管理和服务对象旅游安排违纪

费用约1500元均由该管理服务对象承担。康某还存在其他违纪问题。最终，康某受到党内警告处分。

精析点评

公款旅游浪费国家资财，滋长享乐主义，影响党群干群关系，损害党和国家形象。党的十八大以来，党的作风建设持续深入推进，重拳整治公款旅游，面上的公款旅游问题得到有效遏制。然而在正风肃纪高压态势下，有些党员领导干部却打起了管理服务对象的主意，寻找与自己熟悉、有业务往来的企业或个人，或者与行使职权有关系的下属单位，耍起了“公权游”。上述案例中康某便是接受管理和服务对象安排旅游活动的典型。

公款旅游以及违规接受管理和服务对象等旅游活动安排问题在“四风”问题中占比较高，既有客观原因，也有主观原因。一方面，经济社会快速发展，人民生活水平不断提高，人们更愿意参加旅游活动，多走走、多看看。一些管理和服务对象便投其所好，摒弃送钱送物的传统模式，开始通过安排旅游、健身、娱乐等活动，拉拢腐蚀党员干部，为谋取不正当利益打开方便之门，其行为具有很强的目的性和交易性，虽然并不一定立马兑现，但是“放长线钓大鱼”，进行感情投资为的是日后更丰厚的利益回报。另一方面，一些党员干部之所以乐于享受这样的安排，是因为奢靡享乐观念根深蒂固，手中一有权力便拿来谋私利、捞好处，于是在落实中央八项规定精神上搞变通、打折扣，甚至顶风违纪。

那些因接受管理和服务对象旅游安排被处分的党员干部也不是不明白“拿人钱财，替人消灾”的道理，也不是不晓得行为性质违反了党纪，而是利益蒙蔽了双眼。避免此类事情，除了组织的监督、制度的约束之外，最好的办法还是花自己的钱。

法条链接

《中国共产党纪律处分条例》
（2018年8月18日）

第九十二条 接受、提供可能影响公正执行公务的宴请或者旅游、健身、娱乐等活动安排，情节较重的，给予警告或者严重警告处分；情节严重的，给予撤销党内职务或者留党察看处分。

第一百零五条 有下列行为之一，对直接责任者和领导责任者，情节较轻的，给予警告或者严重警告处分；情节较重的，给予撤销党内职务或者留党察看处分；情节严重的，给予开除党籍处分：

（一）公款旅游或者以学习培训、考察调研、职工疗养等为名变相公款旅游的；

（二）改变公务行程，借机旅游的；

（三）参加所管理企业、下属单位组织的考察活动，借机旅游的。

以考察、学习、培训、研讨、招商、参展等名义变相用公款出国（境）旅游的，依照前款规定处理。

《党政机关厉行节约反对浪费条例》

（2013 年 11 月 18 日）

第十三条 党政机关应当建立健全并严格执行国内差旅内部审批制度，从严控制国内差旅人数和天数，严禁无明确公务目的的差旅活动，严禁以公务差旅为名变相旅游，严禁异地部门间无实质内容的学习交流和考察调研。

《党政机关国内公务接待管理规定》

（2013 年 12 月 1 日）

第五条 各级党政机关应当加强公务外出计划管理，科学安排和严格控制外出的时间、内容、路线、频率、人员数量，禁止异地部门间没有特别需要的一般性学习交流、考察调研，禁止重复性考察，禁止以各种名义和方式变相旅游，禁止违反规定到风景名胜区举办会议和活动。

公务外出确需接待的，派出单位应当向接待单位发出公函，告知内容、行程和人员。

2. 改变公务行程，培训还是借机旅游？

示警案例

2018 年 9 月 20 日，某区网络安全和信息化委员会办公室所属事业单位互联网信息管理中心干部赵某、张某等人前往厦门参加培训。

培训还是旅游？

区委网信办为参加培训人员购买了9月23日上午回程的公务机票。赵某、张某未按照培训安排参加全部培训课程，而是到鼓浪屿等景点游玩，且在培训报到当天自行预订了9月23日最晚的回程航班。9月23日，二人向单位谎称为取回遗落在酒店的培训报销票据，错过公务航班时间，继续在厦门植物园等景点游玩，后乘坐自行预订的航班返回。赵某、张某受到党内严重警告处分。

精析点评

借“出差”之机，“顺便到周边景点转转”，是“四风”隐形变异的一个典型表现。党的十八大以来，党中央从落实中央八项规定精神抓起，驰而不息向“四风”问题亮剑，取得了显著成效。然而，“四风”问题具有顽固性和反复性，出现了一些披上“隐身衣”的新方式，像案例中的赵某、张某按捺不住躁动的心，擅自改变公务行程，顺道旅游一下就是其中一类。

“玩”是人的天性，在忙碌的工作之余，选择在节假日外出旅游，进行适当的放松，可以愉悦身心、陶冶情操。但“玩”的“算盘”不能乱打。借公务外出“顺道玩玩”，反映的是党员干部内心的纪律意识淡漠、侥幸心理严重。针对“四风”隐形变异，《中国共产党纪律处分条例》第一百零五条专门增加了“改变公务行程，借机旅游的”等违反中央八项规定精神新表现作出处分规定，具有极强的现实针对性，是根据近年来作风建设的形势任务变化和实践经验进行的总结提炼，有利于进一步堵塞制度漏洞，用严明的纪律推动作风建设向纵深发展。

“不虑于微，始成大患；不防于小，终亏大德。”党员领导干部要做到克己慎行、防微杜渐，就必须“三思而后行”，才能确保一路安全。

法条链接

《中国共产党纪律处分条例》

（2018年8月18日）

第一百零五条 有下列行为之一，对直接责任者和领导责任者，情节较轻的，给予警告或者严重警告处分；情节较重的，给予撤销党内职务或者留党察看处分；情节严重的，给予开除党籍处分：

（一）公款旅游或者以学习培训、考察调研、职工疗养等为名变相公款旅游的；

（二）改变公务行程，借机旅游的；

（三）参加所管理企业、下属单位组织的考察活动，借机旅游的。

以考察、学习、培训、研讨、招商、参展等名义变相用公款出国（境）旅游的，依照前款规定处理。

《党政机关厉行节约反对浪费条例》

（2013年11月18日）

第三十二条 建立健全培训审批制度，严格控制培训数量、时间、规模，严禁以培训名义召开会议。

严格执行分类培训经费开支标准，严格控制培训经费支出范围，严禁在培训经费中列支公务接待费、会议费等与培训无关的任何费用。严禁以培训名义进行公款宴请、公款旅游活动。

《关于坚决制止滥发钱、物和用公款旅游的通知》（1987年8月19日）

三、各地区、各部门要严格按照中共中央办公厅中办发〔1986〕4号文件的规定，制止用公款（包括各种预算外资金）组织干部旅游，不得借出差、开会、参观、学习等名义搞变相旅游。今后，如有违反此项规定的，除政治上要作严肃处理外，经费开支一律不予报销，谁批准谁出钱。职工个人利用各种假期旅游的，所需各项费用，一律由本人自理，单位不予补贴。

3. 切莫公款出国旅游

示警案例

2016 年 2 月至 2018 年 7 月，杨某任某省质量技术监督局原党组书记、局长期间，该局及其二级机构因公出国团次中有 8 个团次存

切莫公款出国旅游

在借公务之机公款旅游问题，8个团次均安排了时间到当地景点观光旅游，旅游产生的导游、交通、用餐等费用均使用公款支付。8个团次中杨某直接任团长3个团次，经杨某审批3个团次。同时，5个团次还存在采取虚报身份方式安排与公务无关人员出访等违规违纪问题。杨某受到党内严重警告处分。

精析点评

“世界那么大，我想去看看。”我们每个人内心都有去看看这个世界的渴望，党员干部也不例外。但是，与普通群众不同，党员干部要守好纪律规矩的底线，才能自由自在地拥抱诗和远方。

改革开放日益深入，我国与世界联系日益紧密，国际交往日益频繁，中央和地方政府部门、事业单位及国有企业的公务出国、商务考察等对外交流活动也与日俱增。但是一些领导干部把公务出国活动当作福利待遇安排，有的觉得好不容易有一次出国的机会，应该趁机多去几个景点，反正在国外也没人知道。正是在这样的心理支配下，有的未经批准擅自变更出访路线，增加出访国家和延长在外停留时间；有的巧立名目编造出访任务。凡此种种，不仅浪费国家资金，还损害党和国家形象。

“公款姓公，一分一厘都不能乱花；公权为民，一丝一毫都不能私用。”因公出国，顾名思义是要执行公务，而不是福利待遇。各地区各部门各单位要认真落实中央八项规定精神，不折不扣执行《党政机关厉行节约反对浪费条例》和《关于进一步规范省部级以下国家工作人员因公临时出国的意见》等有关规定，严格审核把关，坚决防范和杜绝公款出国（境）旅游行为。

同时，各级纪检监察机关要会同有关部门，建立健全违纪情况沟通工作机制，拓宽案件线索来源渠道。对八项规定精神出台以后仍然顶风违纪、巧立名目用公款出国（境）旅游的，不仅要追究参与者的责任，而且要从严追究组织者的责任。对派出单位和审核审批管理部门滥用职权或玩忽职守造成较大损失或严重不良影响的，要以失职渎职论处。对典型案件要点名道姓通报曝光，充分发挥警示震慑作用，形成使之“不敢”的氛围。

法条链接

《党政机关厉行节约反对浪费条例》

（2013年11月18日）

第十五条 统筹安排年度因公临时出国计划，严格控制团组数量和规模，不得安排照顾性、无实质内容的一般性出访，不得安排考察性出访，严禁集中安排赴热门国家和地区出访，严禁以各种名义变相公款出国旅游。严格执行因公临时出国限量管理规定，不得把出国作为个人待遇、安排轮流出国。严格控制跨地区、跨部门团组。

组织、外专等有关部门应当加强出国培训总体规划和监督管理，严格控制出国培训规模，科学设置培训项目，择优选派培训对象，提高出国培训的质量和实效。

《关于坚决制止滥发钱、物和用公款旅游的通知》
（1987年8月19日）

三、各地区、各部门要严格按照中共中央办公厅中办发〔1986〕4号文件的规定，制止用公款（包括各种预算外资金）组织干部旅游，不得借出差、开会、参观、学习等名义搞变相旅游。今后，如有违反此项规定的，除政治上要作严肃处理外，经费开支一律不予报销，谁批准谁出钱。职工个人利用各种假期旅游的，所需各项费用，一律由本人自理，单位不予补贴。

五、对于违反国家规定滥发钱、物和用公款旅游的，对单位、直接责任人和单位领导人，由审计、财政部门按照《国务院关于违反财政法规处罚的暂行规定》和其他有关规定严肃处理。坚决防止今冬明春再次出现“公费过年”“公费过节”的错误做法。对一些典型案例，在情况查实后，要公开处理，以教育广大干部群众。

所有国家干部都应发扬艰苦奋斗的精神，廉洁奉公，自觉遵守本通知的各项规定。

《用公款出国（境）旅游及相关违纪行为处分规定》

（2010 年 8 月 12 日）

第四条 用公款出国（境）旅游的，给予记过或者记大过处分；情节较重的，给予降级或者撤职处分；情节严重的，给予开除处分。

组织用公款出国（境）旅游的，给予降级或者撤职处分；情节严重的，给予开除处分。

第五条 有下列行为之一的，给予警告或者记过处分；情节较重的，给予记大过或者降级处分；情节严重的，给予撤职处分：

（一）虚报出国（境）公务骗取批准的；

（二）购买、伪造邀请函或者编造虚假日程骗取批准的；

（三）采取伪造个人身份、资料等形式，安排与出国（境）公务无关人员出国（境）的；

（四）避开主管部门委托非主管部门办理因公出国（境）审核审批手续的；

（五）违反因公出国（境）管理规定，将一个团组拆分为若干团组报批或者审核审批的；

（六）其他违反因公出国（境）审核审批管理规定的。

第七条 擅自批准或者同意延长在国（境）外停留时间，绕道安排行程，或者到未经批准进行公务活动的国家（地区）、城市，造成不良影响或者经济损失的，给予警告、记过或者记大过处分；情节较重的，给予降级或者撤职处分；情节严重的，给予开除处分。

第九条 对本地区、本部门、本系统、本单位发生的用公款出国（境）旅游行为不制止、不查处，造成不良影响或者经济损失的，给予记过或者记大过处分；情节较重的，给予降级或者撤职处分；情节严重的，给予开除处分。

第十条 用公款出国（境）旅游的，应当责令其退赔用公款支付的各项费用。

《关于大力弘扬艰苦奋斗勤俭节约精神坚决制止各种铺张浪费行为的通知》

（2008年6月19日）

三是严禁以各种名义公款旅游，特别是公款出国（境）旅游。国内公务活动中，严禁借考察、培训、会议之机公款旅游。认真执行《关于进一步加强因公出国（境）管理的若干规定》和近期关于控制因公出访团组的要求，严格审批程序，加强经费预算约束，从严控制和压缩出国（境）团组数量与规模。

4. 莫要借开会之机旅游

示警案例

2018 年 8 月，某市粮油产品质量监督检验站原站长梁某受某科技有限公司邀请，参加该公司在一个风景名胜地区举办的“粮油系

莫要借开会之机旅游

统分析测试应用技术交流会”。会议期间，梁某违规接受该公司安排，在该地区游玩3天，相关费用由公司承担，并收受紫陶茶罐1个，价值160元。返回单位后梁某违规报销旅游期间伙食补助、市内交通补助、住宿费用共计1200元。梁某受到党内警告处分，违纪所得予以收缴。

精析点评

随着正风肃纪不断深入，明目张胆公款旅游现象得到有效遏制，但以公务差旅为名变相旅游、趁机游山玩水的违纪行为仍层出不穷。旅游之余顺带培训，旅游中间“插播”会议……从各地查处的案例看，违规公款旅游的名头还真不少：会议、培训、参观、考察、研讨、参展、招商引资，更有甚者舍近求远，家门口的红色基地闲着不用，而以“爱国主义教育”“主题党日活动”等为幌子不远千里去外地组织活动。

从明目张胆公款旅游到隐形变异公款旅游，一方面，表明近几年我们党持之以恒正风肃纪取得了明显效果，“不敢”的震慑作用充分发挥。另一方面，也说明享乐主义、奢靡之风树倒根在。从主观来看，特权思想作祟、纪律规矩意识淡薄是主要原因。客观来看，是执行上存在“宽松软”，有的单位领导干部在惯性思维中仍将公款旅游看作为干部职工“谋福利”，从而予以纵容。看似是爱护干部，实则是害人害己。以违反原则、触碰纪律红线为代价，不论在途中看了多美的风景，都会成为人生乃至仕途中的败景。

中央八项规定精神是硬杠杠、铁规矩，作为党员干部应率先垂范，带头遵守，绝对不能有蒙混过关、打擦边球的侥幸。对于披上隐身衣的公款旅游问题，要发现一起、查处一起、通报一起，形成强大警示震慑，坚决杜绝“破窗效应”，维护纪律规定的刚性约束力。此外，还应在加强政务公开和畅通监督渠道等方面下功夫，确保把有限的公共资金管住、用好。

法条链接

《中国共产党纪律处分条例》
（2018年8月18日）

第一百零五条 有下列行为之一，对直接责任者和领导责任者，情节较轻的，给予警告或者严重警告处分；情节较重的，给予撤销党内职务或者留党察看处分；情节严重的，给予开除党籍处分：

（一）公款旅游或者以学习培训、考察调研、职工疗养等为名变相公款旅游的；

（二）改变公务行程，借机旅游的；

（三）参加所管理企业、下属单位组织的考察活动，借机旅游的。

以考察、学习、培训、研讨、招商、参展等名义变相用公款出国（境）旅游的，依照前款规定处理。

《党政机关厉行节约反对浪费条例》

（2013年11月18日）

第三十一条 会议召开场所实行政府采购定点管理。会议住宿用房以标准间为主，用餐安排自助餐或者工作餐。

会议期间，不得安排宴请，不得组织旅游以及与会议无关的参观活动，不得以任何名义发放纪念品。

完善会议费报销制度。未经批准以及超范围、超标准开支的会议费用，一律不予报销。严禁违规使用会议费购置办公设备，严禁列支公务接待费等与会议无关的任何费用，严禁套取会议资金。

《国务院办公厅关于坚决制止滥发钱、物和用公款旅游的通知》

（1987年8月19日）

三、各地区、各部门要严格按照中共中央办公厅中办发〔1986〕4号文件的规定，制止用公款（包括各种预算外资金）组织干部旅游，不得借出差、开会、参观、学习等名义搞变相旅游。今后，如有违反此项规定的，除政治上要作严肃处理外，经费开支一律不予报销，谁批准谁出钱。职工个人利用各种假期旅游的，所需各项费用，一律由本人自理，单位不予补贴。